はじめに

　経済協力開発機構（OECD）は，世界79か国の15歳を対象に行った国際学習到達度調査（PISA）の結果を2019年12月に公表した。日本は「数的応用力」は上位に入ったものの，「読解力の記述式問題」などで正答率が低い結果となった。文部科学省は，自分の考えを他者に伝わるよう，根拠を示して説明することに課題があると分析している。そして，これらの結果をもたらした原因については特定するのが難しいとの見解も出ている。

　現代は，様々なコミュニケーションツールがあり，デジタル機器を使って情報交換が行われたり，活発な会話が交わされたりしている。しかし，短文でのやり取りや省略した言葉の使用が多く，活字離れや直接の会話が減少しているとの指摘もある。

　日本における日本語の獲得については，家庭でも幼児教育機関でも自然に獲得されるものという前提に立っているように思われるが，言葉のもつ役割の重大さを考えると，言葉の獲得，保持をなすがままにするというわけにはいかない。そのことがはっきり認識されているのが，海外の日本人幼児を対象にした幼稚園である。ほとんどの幼稚園は，園内では日本語で生活し，保育が展開されているが，多くの幼稚園が，教育目標の一つに「日本語の獲得，保持」をあげている。当然現地の言葉の獲得も日常生活の中で行われているが，日本語の獲得，保持が教育の重点として意図的に考えられており，教材に苦心しているという現状である。

　日本国内の幼児教育施設は教育目標に日本語の獲得，保持を掲げている園があるのかどうか定かではないが，日本語の獲得，保持を最重要課題としている園は少ないと思われる。

　一方で，過度に意識して幼児前期から漢字などを教えている園もあり，言葉の指導についての考え方は様々である。

　言葉は，周囲の人の言葉を聞くという言語環境からの刺激によって獲得されるものである。物には名前があることを知ったり，言葉を使って考えたり，自分の考えや思いを言葉によって伝えたり，対話を通して相手の考えを知り，自分に取り込んだり，新しい考えを構築したりしていくために，言葉は重要な役割を果たしている。言葉の助けによって人との関わりが生まれ，情報の伝達によって社会の進歩に寄与していくのである。

　保育職は，生まれて間もない子どもたちの成長に関わる仕事である。保育が長時間化する中で，子どもたちの言葉の獲得に大きな影響を及ぼす職務であり，子どもたち

の言葉の発達を促す保育について，どうあるべきなのか再認識していく必要がある。

　幼稚園教育要領，保育所保育指針では，幼児期の終わりまでに育ってほしい姿として 10 の姿を示している。

　　• 健康な心と体　　• 自立心　　• 協同性　　• 道徳性・規範意識の芽生え　　• 社会生活との関わり　　• 思考力の芽生え　　• 自然との関わり・生命尊重　　• 数量や図形，標識や文字などへの関心・感覚　　• 言葉による伝え合い　　• 豊かな感性と表現

　ここに示されている「言葉による伝え合い」は，「保育士等（先生）や友達と心を通わせる中で，絵本や物語などに親しみながら，豊かな言葉や表現を身に付け，経験したことや考えたことなどを言葉で伝えたり，相手の話を注意して聞いたりし，言葉による伝え合いを楽しむようになる」と説明されている。これらの 10 の姿は，乳児期からの保育活動全体を通して育まれていくものであるが，どの姿の発達も言葉が深い関わりをもっているといえる。

　幼児の発達は様々な側面が絡み合っており，単独に取り上げて指導すれば達成するものではないことに留意し，様々な具体的活動を通して総合的に指導していくことが大切である。

　また，特別な配慮を必要とする幼児への指導として，障害のある幼児などへの指導，海外から帰国した幼児や生活に必要な日本語の習得に困難のある幼児への指導にも十分な配慮が必要である。

　本書では，言葉の機能，乳児から幼児後期の発達をふまえた指導内容，指導方法，配慮事項，具体的な指導についてまとめた。具体的な指導の参考となるよう事例を盛り込んでいるが，直接関わっている子どもたち一人ひとりの発達や人間関係，思いに注目して，一人ひとりに応じた指導を考えていただき，子どもたちの発達を保証する日々を実現することに役立てていただければ幸甚である。

　2020年 1 月

　　　　　　　　　　　　　　　　　　　　　　　　　　　塩 美佐枝

第6章　言葉の指導に配慮が必要な幼児への指導

第1章 言葉の誕生

1 人間と言葉

　幼稚園教育要領（以下，要領）のいわゆる5領域の「言葉」に関する「内容の取扱い」には，「言葉は，身近な人に親しみをもって接し，自分の感情や意志などを伝え，それに相手が応答し，その言葉を聞くことを通して次第に獲得されていくものである」（文部科学省，2018，215頁）と記されている。要領のこの一文は[1]，一人の人間が生後自ら言葉を獲得していく過程をわかりやすく表現している。本書では，こうした過程をふまえ，幼児が様々な「心を動かされるような体験」をし，「言葉を交わす喜び」を味わえるようにするために，保育者が何を知っておかなければならないのか，その上で保育者はどのような技能を学んでおく必要があるのか，読者のみなさんにわかりやすく説明しよう。

　翻って，本節で筆者は，一人の人間としてではなく，私たち人間がどのように言葉と出会い，獲得し，そして今日まで言葉と付き合ってきたのかについて，その歴史や哲学にまで遡り，考察してみたい。人間が言葉を使用する事実は，ややもすると当たり前すぎて，つい見過ごしてしまいそうではあるが，この当たり前のことに関する「なぜ」について，繰り返し問い直し，じっくり勉強し直すことも学問に課せられた任務であることを忘れてはならない。

❶ 言語に関する神話的世界観

　古代ギリシアの歴史家ヘロドトスの『歴史』に気になる一節がある。ヘロドトスがバビロン（バビロニアの首都）を訪問したとき，聖域の中央に「縦横ともに1スタディオンある頑丈な塔」（ヘロドトス，1999，136頁）が建てられていた。この塔の上に「第二の塔」が立つというように，塔の全体は「八層」にまで及んでいた。塔に上るには，塔の外側に「螺旋形の通路」が付けられている。頂上の塔には「大きな神殿」があるが，「神像のようなもの」は一切ここには安置されていなかったようである。この歴史の父が上った塔こそ『聖書』（以下，旧約と新約の別を表記する）に登場する「バベルの塔[2]」（図1-1参照）であると考えられている。

図1-1 バベルの塔の模型

出典：筆者所蔵。

そもそも「ヨハネによる福音書」（新約）の冒頭部分には，「初めに言葉があった。言葉は神と共にあった。言葉は神であった。この言葉は，初めに神と共にあった。万物は言葉によって成った」（新共同訳，2012，（新）163頁）と書かれている。新共同訳の聖書ではギリシア語の「ロゴス」は「言」（ことば）と訳され，内村鑑三は「道」と訳している。内村によれば，「道の言葉となりて現われしもの」（内村，1969，92頁）がロゴスの原意に最も近いようである。ただ本節ではあえて「言葉」で統一した。内村はこれを「世界最大のことば」と呼んだ。なぜなら，この福音書の「初めに」に込められた元々の意味が，「人いまだあらず，獣いまだあらず，鳥いまだあらず，魚いまだあらず，海いまだあらず，陸いまだあらず，星いまだあらず，星雲さえいまだその微光だも放たず，光さえいまだ暗黒の中に輝かざる」（内村，1969，93頁）ときに，言葉はすでに神とともにあったことを指しているからである。

「創世記」（旧約）の天地創造によれば，初めに神は天地を創造した。「地は混沌であって，闇が深遠の面にあり，神の霊が水の面を動いていた」（新共同訳，2012，（旧）1頁）ときに神は言った。「光あれ」（新共同訳，2012，（旧）1頁）と。天地創造以前から，言葉は神とともにあったことがわかる。この言葉が最初は一つだった。旧約には，「世界中は同じ言葉を使って，同じように話していた」（新共同訳，2012，（旧）13頁）とある。この記述により言語神授説が形成される。私たちは長い間，言葉は神が人間のみに授けた最大の贈り物であると信じ，そうした神学的世界観に縛られていたのであった。

だが，バベルの塔のある町を見て，神は「一つの民で，皆一つの言葉を話しているから」このような事態，つまり「さあ，天まで届く塔のある町を建て，有名になろう」（新共同訳，2012，（旧）14頁）などと傲慢な考えをもつようになってしまったと慨嘆した。そこで神は降って行って，「直ちに彼らの言葉を混乱させ，互いの言葉が聞き分けられぬように」彼らをそこから全世界に拡散させた。こうしてバベルの塔の建設が途中で終わっただけではなく，今日世界中にたくさんの言葉が氾濫するようになったのである。

ところで，既述のヘロドトスの一節を信頼すれば，旧約に登場するバベルの塔は実際に存在し，紀元前7～6世紀のバビロニア王国で建設されたことになる。それから1世紀ほど経った紀元前450年頃，ヘロドトスがバベルの塔を参詣した。

すると，人間がこの地上でたった一つの言葉（以下，共通言語[(3)]）しか使用していなかった時代はそう古くはないようにも思われるが，共通言語であった期間はバベルの塔の建設よりずっと前のことであり，それを建設したときには，地球上の人間はすでに共通言語を話していなかった。言い換えれば，これは，神話的世界観に依拠した共通言語説の崩壊を意味する。なお，なぜ旧約の作者がバベルの塔と共通言語を結び付けようとしたのかは，本節の射程を越える話題であるため，論述を差し控えたい。

❷　言語の科学的実験の始まり

　紀元前 7 世紀のエジプト王プサメンティコス（以下，国王）は，ヘロドトスによれば，すべての人間の中で最初に生まれたのがどの民族であるかを知ろうとしたようである。いろいろ詮索してみたが，残念ながら，国王には方法が思い浮かばなかった。国王はとうとう「生まれ立ての赤ちゃんを全く手当たり次第に二人選び出し，これを一人の羊飼いに渡して羊の群と一緒に育てるよう」（ヘロドトス，1999，161頁）命令した。その際，羊飼いは子どもの前では一言も言葉を話さず，子どもはほかに人のいない小屋に二人だけで寝かしておいた。国王は，こうすれば，二人の子どもが喃語を使う時期を脱したとき，最初に「どんな言葉」を発するのかを知ることができると思ったのである。この計画を開始し，2 年が経過したある日，子どもたちは「ベコス」という言葉を発した。それは「パン」を意味するプリュギア[(4)]人の言葉だった。

　こうした素朴な実験によって，国王は，エジプト語が根源的な言語ではないことを認めざるを得なかったが，子どもは放置しておいてもひとりでに言語を発達させるという仮説を検証することに成功した。私たちはここから言語に関する科学的実験の萌芽をみて取れよう。

❸　言葉の起源をめぐる哲学説

　神話的世界観から解放された哲学者たちは，好んで人間の言葉の起源を探究した。ここでは，イギリス，フランス，ドイツを代表する哲学者の言説を通して，言葉の起源を考えることにしよう。

　ホッブズ（英）は，『リヴァイアサン』（原著 1651）の中で，言葉の最初の作者は神であると述べている。神はアダムに対して，神が創造した被造物に，どのような名前を与えるのかを指示した。当然のことながら，アダムとその子孫によって言葉の数は増加の一途を辿ることになる。ホッブズは，言葉の一般的な効用として，「心の説話を声のそれ」に移したり，「思考の系列を語の系列」に移したりすることであるとしている。また，言葉の特殊な効用として，第一に「学芸の獲

得」，第二に「相互に助言し教えること」，第三に「相互援助を得られるようにすること」，第四に「われわれ自身と他の人びとを，楽しませ，喜ばせること」（ホッブズ，1992，70頁）をあげている。

　ルソー（仏）は，ホッブズとは異なる視点から，言語と音楽の起源について考察した。ルソーによれば，「言葉は，動物の中で人間を特徴づけ」ている。それぞれの国には，それぞれの言葉があるが，それぞれ違うのは「どうしてなのか」に答えようとすると，「習俗そのものに先立つような」理由にまで遡らなければならない。ルソーにとって，「言葉は最初の制度であって，ただ自然の中にある原因のみが，その形態のもとになっている」（ルソー，1986，137頁）のである。言語の起源は何か。「精神的な欲求，つまり情念」（ルソー，1986，144頁）である。ルソーはこうしてすべての人間（いわゆる「人類史」）の言葉の獲得について考察すると同時に，一人の子ども（いわゆる「個人史」）の言葉の獲得にまで踏み込んだ検討[5]を繰り返し行うことになる。それを実現したのが『エミール』（原著 1762）である。「人間の教育は誕生とともに」（ルソー，1999，71頁）始まり，話をする前に，人間はすでに学び始めているとルソーは考えた。だからこそ，ルソーにとって，「わたしたちは生きはじめると同時に学びはじめる」（ルソー，1999，32頁）のである。乳母の顔を見分けるとき，子どもはすでに多くのことを獲得している。「子どもは生まれたときから，人が話をしている」（ルソー，1999，88頁）のを聞いている。人は子どもがまだ相手の言っていることがわからないうちから，子どもに話しかける。聞いた声を真似することができないうちから，子どもに話しかけるため「言語の形成と子どもの最初の言葉という問題を考えようとすると」（ルソー，1999，88頁），実に多くの考えが生まれてくることになるとルソーは明言した。

　哲学者の言葉に関する考察は，ヘルダー（独）の『言語起源論』（原著 1770）において一旦総括される。ヘルダーが同書の第Ⅱ部で展開した4つの自然法則は，人間がなぜ「最も適切に言語を創造することができ，またせずにいられなかった」（ヘルダー，1972，109頁）のかについて考察しようとするとき，現時点から読み直しても，それは有益であると筆者は高く評価している。第一の自然法則では，人間は自由に考える活動的な動物であり，その能力は漸進的に作用し続けるから，言語を創造するにふさわしい存在であるとみなされる。第二の自然法則では，人間は集団を形成する社会的動物であるから，言語を形成し続けることは，人間にとって自然であり，本質的に必然であるとされる。第三の自然法則では，人類全体がいつまでも一つの集団で生活し続けることができなかったように，人類全体がたった一つの言語しか使用しないでいることもできなかったから，様々な民族の言語が形成されることになったと考えられる。第四の自然法則では，人類は一つの大きな家族として同一の起源をもった漸進的な全体を構成しているのと同じ

ように，すべての言語や文化も何らかのつながりをもっていると説明される。以上，ヘルダーは，ホッブズが人間の言葉の起源を神に求めたこと（既述の「言語神授説」）を斥けるのみならず，人間と人間以外の動物の本質的な違いを確認して，両者の間の区別を明確にしたのである。

　ところで，19世紀になるとこうした言語の起源に関する学説が次々と提出された。だが，その多くは単なる思いつき以上のものではなかった。言語に関する学問的研究を真の科学にしたいと思っていた当時の言語学者たちは，根拠に乏しいこれらの憶測との決別を図った。最終的に最も過激なやり方で無益な仮説の洪水に終止符を打つことになる。1863年，設立直後のフランス言語学会は学会の規約の中に言語の起源に関する論文の掲載を一切拒否する条文を明記した。つまり，学会規約第1条では，学会の目的を「言語を研究すること」に限定した。「伝説，伝統，慣習，文献資料の言語を調べることによって，民族学的研究に資する」以外の研究を厳しく禁じたのである。学会規約第2条では，「言語の起源，もしくは普遍言語の創造に関する一切の報告」（ドルティエ，2018，221頁）を認めないことも謳ったが，こうした禁止事項を設定することにより，科学の世界の進歩にマイナス作用が働いてしまうことまでは予想していなかったようである。

❹　科学の進歩と新事実の発見

　ここでは，1980年代後半に私たちが遭遇した，諸科学の進歩と新事実の発見として，特筆すべき2つの研究[6]を取り上げ，みなさんの知的好奇心を触発してみたい。

　私たち人間には本当に共通言語の時代があったのだろうか。この問題に対するきわめて興味深い研究成果が1980年代後半にスタンフォード大学の研究チーム（中心となった研究者は，キャンとウィルソンであった。以下，研究チーム）によって報告された。当時のDNAの研究最前線では，異なる種の遺伝子コードを詳細に比較することが可能になった。そこで，研究チームは地元の病院で出産した120人余りの女性（の胎盤）について，ミトコンドリアの塩基対の配列地図を作製した。なぜミトコンドリアだったのか。ミトコンドリア[7]は，女性を通じて継承される。その類似性から導き出した系図には，母娘間の血統のつながりが直接反映されているからである。その結果，わかったことは，どの女性も元々は関係が濃い単一の一族に属し，その一族こそ膨大な数のアフリカ民族の一派らしい[8]ということだった。言い換えれば，血縁関係の階層を遡り調べることによって，女性共通の雌の祖先に辿り着くことになる。彼女こそ「アフリカのイブ」（ダンバー，2016，225頁）と呼ばれるに値する女性であり，彼女の時代には共通言語が使用されていた。その後，私たちの祖先は，遺伝子も言語もともに携えながら世界中に移住し，今日も使用する方言＝各国語を生み出したのである。

私たち人間はいつ頃から言語能力を所有し使用できるようになったのか。この問題に対するリーバーマンの見解は，その後に見直しが迫られるものの，発表当時は，世界中の研究者の注目を集めることになった。彼の導き出した結論はこうである。「言語能力はホモ・サピエンスと共に突然出現した」（ドルティエ，2018，222頁）とするものだった。したがって，リーバーマンは，アウストラロピテクス類（猿人類）やホモ・エレクトゥス（原人類）は怒りや警戒を示すいくつかの叫び声しかもたなかったと主張する。それでは，なぜ彼はこのような仮説に到達したのであろうか。それは，発声器官（喉頭，咽頭，声帯）の比較研究に基づく。哺乳類の喉頭は，喉の奥の高い位置にあるため，喉頭が食道の入り口を塞ぎ，それによって窒息の危険なしに飲みながら息をすることができる。それに対して，私たち人間の祖先の喉頭は低い位置にあるため，食べながら息をするには不向きだった。言い換えれば，私たちの祖先は常に窒息の危険にさらされていたことになる。進化の過程で，私たち人間の祖先の喉頭は低い位置に移行し，精巧な発声器官の構造とそれによる調音を可能にしたのである。喉頭の位置が下がる現象は発達の過程で子ども期にみられる。だからこそ，喉頭が高い位置にある赤ちゃんは，呼吸しながら母乳（もしくはミルク）を飲むことができる。リーバーマンによれば，ネアンデルタール人でさえ，言語の音を発するための器官をもっていなかった。

　学問の世界では，こうした画期的かつ先進的な研究成果といえども，常に批判や反論に供されていることを健全な状態であるとみなす。したがって，二つの研究は，どちらもその後，見直しを迫られることになったが，今日なお人間と言葉をめぐる研究領域が活況を呈する地平を切り拓くことに貢献したことは正当に評価されなければならない。

❺　赤ちゃんの言葉を考察する

　さて，本節の紙幅も尽きた。そこで最後に，赤ちゃんをめぐる言葉の問題について，赤ちゃん学の可能性も含め概観しておくことにしよう。

　赤ちゃん学は，赤ちゃんを「科学する」（産経新聞，2006，11頁）というコンセプトのもとに正確な育児情報を研究し発信する学問領域を形成する。それはまた脳科学の著しい進歩に伴い，飛躍的に研究が前進する科学である。とくに，本章との関係から，赤ちゃんの言語獲得，言語能力，そして言語蓄積の三つの観点を取り上げたい。

　メレールによれば，赤ちゃんは白紙状態で生まれるのではない。言語についてもあらかじめプログラムされており，早い段階で認知している。こうした赤ちゃんの脳機能をメレールは実験によって確認した。実際には，生後5日以内の赤

ちゃん12人に対して，「言葉を聞いたとき」と「何もしない安静状態のとき」の言語・聴覚野における血液量の変化を調べた（産経新聞，2006，31頁）。すると，安静状態では血液量にあまり変化がみられないが，言葉を聞いたときには血液量の増加が著しいことがわかった。つまり，生後5日以内の赤ちゃんもすでに言語に反応し，脳皮質が活動している。メレールの研究の根底には，人間は「どのようにして言葉を学んでいくのか」（産経新聞，2006，32頁）というテーマがある。言語獲得のプロセスの明確化は，障害のある子どもの言語教育や外国語の習得にも有益であるとされる。

　ウォードが開発し，関係者の関心を集めている「ベビートーク」プログラムが，「1日30分，静かな環境で赤ちゃんに語りかけるだけで，言葉や知能指数が驚くほど伸びる」（産経新聞，2006，63頁）として，話題を呼んでいる。0〜4歳までの子どもに対する語りかけのポイントは，「①生後直後からたくさん話しかける，②気が散らない静かな場所で，③子どもの興味に合わせる，④短い文章で分かりやすく，⑤ゆっくり大きめの声で赤ちゃん言葉や擬音語，繰り返しを使う」（産経新聞，2006，64頁）などとされている。ウォードの著書の翻訳を監修した汐見稔幸によれば，赤ちゃんに対する語りかけは，「あなたに興味がある」というメッセージであり，赤ちゃんの動きに丁寧に応じることにより，赤ちゃんは「自分が主人公なのだ」（産経新聞，2006，65頁）と自信をもつようになる。その結果，赤ちゃんの言語能力を伸ばすことにもなる。

　正高信男の実験や観察から，赤ちゃんは，「耳で聞いたものを頭に記憶としてとどめ，それを模倣しながら言葉を獲得していくこと」（産経新聞，2006，72頁）がわかってきた。だからこそ，まず「聞くこと」が重要になる。記憶がないと，模倣もできない。赤ちゃんは人の声を音楽のように聞いている。全体の声の抑揚はメロディーとして響き，赤ちゃんによる好みも生じる。赤ちゃんは話し声やメロディーがいくつかの「音の単位の連鎖」であることを理解している。その後，赤ちゃんは「単語の切り出し」（産経新聞，2006，72頁）が可能になり，頭の中に言語の記憶として蓄積する。正高はこの時期の赤ちゃんへの教材として「絵本」が最も適していると主張する。大事なのは，「赤ちゃんが喜ぶ，興味をひくような絵本」（産経新聞，2006，74頁）を見つけ，何度も繰り返し読み聞かせ，記憶を蓄積させることなのである。

❻　目指すはコロンブスの勇姿

　本節の中でも，とくに赤ちゃん学の成果を読み終えて，みなさんはどのような感想をもっただろうか。科学的に証明することはできないにしても，常識的に考えれば，筆者には，当たり前のことが述べられているようにも思われる。赤ちゃ

んに話しかけないよりは、話しかけるほうがよい。絵本を読み聞かせないよりは、読み聞かせるほうがよい。しかし、赤ちゃん学の研究者は、自ら仮説を立てて、実験を試み、仮説が正しいことを証明してみせた。

　多くのみなさんは将来、子どもの専門家として活躍することになるだろう。そんなとき、みなさんの抱いた疑問や素朴な回答を大切にしていただきたい。なぜなら、みなさんの職場からこれからの時代の子ども理解の哲学が生まれるかもしれないからだ。哲学は思考であると同時に、活動でもある。だからこそ、筆者はみなさんにコロンブスを目指していただきたい。「コロンブスの卵」が物語るように、何事も最初に行うことは難しい。勇気を出して、自分自身が信じる心のコンパスを頼りに、真っ直ぐに歩んでいただきたい。学生生活を通して、自分にしかできない「子どものための何か」を探すことにしよう。そして子どもに関するプロフェッショナルとして社会に飛び出そう。みなさんを待っている子どもたちのために。

2 ｜ 象徴としての言葉

　砂場で子どもたちが思い思いに遊んでいる。ある子どもは、型抜きをしたものをお皿に載せて「先生、プリン」と言って保育者に渡し、「ああおいしい」と言いながら食べるふりをする保育者をにこにこ見ている。隣にいる子どもは、湿った砂を丸く握り、お皿に載せたものを砂場のへりに並べて「いらっしゃい、おだんごやです」と呼びかけている。「おだんご、ください」とやってきた子どもに、「お砂糖かけますか」と聞き、白砂をパラパラとかけて渡す。どこの園でも見られる一コマであろう。いうまでもなく、ここに登場する「プリン」も「おだんご」も本物ではない。砂である。しかし、子どもたちは砂を扱い、そこでできた形などからイメージを膨らませて食べ物に見立て、遊びを楽しんでいる。

　こうした、現実にはないものごとを何らかの記号に置き換えて、目の前にそれが存在しないときにも記号によって認識し表現する働きが「象徴機能」である。言葉は象徴機能の代表的なものであり、前述の砂場の場面では、「プリン」「おだ

んご」が記号に当たる。本節では，こうした象徴としての言葉について考えていこう。

❶ 言葉の獲得とそれを支える保育者の関わり

　まず，記号となる言葉の獲得について概観する。子どもは，生後2，3か月頃から，機嫌のよいときには「アー」「ウー」など，喉の奥からクーイングと呼ばれる柔らかい声を出すようになる。こうした声に，保育者も笑顔で同じような声を出して返事をすると，子どももまたそれに応え，やり取りが始まる。4か月頃になると，保育者があやすと微笑み返すようになり，「アーアー」「バー」などの喃語を発するようになる。こうした喃語に，保育者が音をまねて返したり，「ご機嫌ね」「お話し上手ね」などと優しく語りかけたりして応えることで，子どもは自分の要求に応じてもらえるという喜びを感じ，声などで自分を表現する意欲が高まる。言葉になる前の子どもの表現に，丁寧に関わり応えていくことが，子どもが人とやり取りする心地よさと意欲を育む。

　9か月を過ぎる頃になると，子どもは，親しみをもつ保育者が見ているものを一緒に見たり，自分の持っているものを見せたり，興味があるものを指さしたりするようになる。指さしを多用する時期には，指さしは共感，叙述，要求，質問，応答，命名要求（事物の名称を尋ねる）というような，様々な機能を帯びて使用される（小林，2005，31頁）。保育者が「ワンワンいるね」など，子どもが指さす対象を言葉に換えて応えていくことで，目の前の「犬」と「ワンワン」という音声が結び付いて，ものには名前があることがわかり，それが言葉を獲得していくことにつながる。保育者が，何かを見つけ，それを喜ぶ子どもの思いに共感することで，子どもは人に思いを伝える楽しさを感じ，積極的に伝えようとするようになる。

　象徴機能が発達し，イメージする力が育って，単語数も増加してくると，子どもは「ワンワン，イタ」「ワンワン，ネンネ」など，二語文を話し始める。たった二語ではあるが，単語を組み合わせることによって，子どもは様々な思いを言葉で表現できるようになる。また「コレ，ナーニ？」などと，盛んにものの名前を尋ねるようになる。言葉で周りの世界を捉え始めるのである。この時期に，子どもと一緒に絵本を開けば，子どもが犬の絵を指さしながら「ワンワン」と言ったり，象の絵を指さしながら「コレ，ナーニ？」と尋ねたりする。「ワンワンだね。しっぽ，フリフリしているね」「象さんだね。お鼻が長いね」と，子どもの言葉に，保育者が丁寧に言葉を補いながら返すことで，子どもの言葉は豊かになり，言葉で捉える世界も広がる。

　このように，子どもが言葉を獲得することは，単に言葉を覚えたり語彙数を増やしたりすることに着目することではなく，保育者と共感したい，伝えたいとい

う子どもの思いを丁寧に受け止め応じていく，温かなコミュニケーションが基盤
となることを忘れずにいたい。

❷ 子どもの姿を通して考える象徴としての言葉

次に，園における子どもの姿を通して考えていこう。

【事例1　何だろう，冷たいね　1歳児7月】

　子どもたちは夏の暑さを感じながら，水遊びの心地よさを味わっている。そこで，形から興味をもって触れられるように，形や大きさの違う氷を用意する。氷の形が見えやすいように，食用色素を使用した色付きの氷も用意した。

　水遊び用のたらいの中に氷を入れておくと，それに気づいたA児が「こおり」と保育者に知らせ，取ろうとする。保育者が「もっとありますよ」と出すと，近くにいた子どもも，浮いている氷をつかもうとする。氷をつかむと「アッ」と取れたことを保育者に知らせる。「氷，取れたね。冷たいね」と言葉をかけると，自分の手の中の氷を見つめている。

　ギュッと握っていたが，冷たくて手を離したので「持ってると冷たいね。先生の手も冷たいよ」とB児に触ると，それを見ていたC児が，まねをして保育者の足に手をつける。C児は，保育者が「冷たい」とびっくりした反応を見て，にこにこと笑って，繰り返す。

　A児が自分の持っている氷の形に気づき，「ナニ？」と保育者に聞いてきた。「いちごの形よ」と答えると，「コレハ？」と持ち替えていた氷を見せる。「りんごの氷は冷たいね」と保育者が答える。A児と保育者のやり取りを見ていたB児やC児も，氷を保育者の前に持ってきて，次は自分のを見てというように「アッ」「（ナ）ニ」とそれぞれが聞いてくる。保育者が「バナナの形だね」「ぶどう，冷たいね」と答えると，自分の握っている氷をじっと見ている。　　　（東京都教育委員会，2012，127頁を一部改変）

　事例1では，水遊びを楽しむ中で氷に触れ，つかむことやその感覚を味わいながら，保育者の「持ってると冷たいね」という言葉にも出会っている。これまでの水遊びでも「お水，冷たくて気持ちがいいね」などと，保育者から言葉をかけられながら楽しんできたことであろう。しかし，氷の冷たさは思わず手を離すほどであり，B児にとって印象に残ったのではないだろうか。さらに，保育者が冷たくなった手でB児に触れ，それを見ていたC児が保育者を触り，保育者がびっくりしたことを喜んで繰り返している。こうした感覚や状況などにそれを表す言葉とともに出会い，その言葉を楽しく使いながら過ごすなどのことは，子どもが体感を伴って言葉を獲得していくことを促していく。もう少し時が過ぎて，たとえばままごとの中で「このジュース，冷たいねえ」と飲むふりをしたとき，その

子の中に広がるイメージの豊かさにもつながっていくのではないだろうか。

【事例2　運転手さんになる　3歳児10月】

　電車の好きな子どもが多く，牛乳パックを電車に見立てて床で走らせたり，積み木を長くつなげてお客さんが乗って電車ごっこを楽しんだりしてきている。

　ある日，一人で入れるくらいのダンボールの枠（ダンボール箱を開いたもの）を複数並べて用意しておいた。すると，「電車みたい」と言って中に入り，早速動き始めた。「ガタンガタン…」「もうすぐ，えきです」「しゅっぱつします，閉まるドアにご注意ください」など，それぞれのもつ電車のイメージで言葉にしたり動いたりしている。保育者がつくっておいた帽子に気づいたＡ児は「Ａちゃん，運転手さんになる」と言って帽子をかぶり，ますますいい調子で運転している。Ｂ児は「ぼくのは総武線なの。ここに，黄色いのして」と言い，保育者が黄色のビニルテープをダンボールの側面に貼り，「しゅぱあつ，進行！」と言うと，うれしそうに「次は，いいだばし，いいだばしです」と言って園庭に歩いていく。

　保育室のほかの場所では，積み木で囲った中に保育者のつくったハンドルを持ち込み，車を運転している。家族でドライブ中だ。「曲がりまあす」と運転しているＡ児が言うと「きゃあ」と歓声を上げながら，Ａ児の曲がる方へ体を一緒に傾ける。何回も繰り返すうちに，「着いた。お弁当にしましょう」とＢ児が言って車の外でシートを敷き，その上にお弁当箱を出す。「ばぶばぶ」と言いながら赤ちゃんになっている子がハイハイしたり，「ばぶちゃん，ごはんだよ」と，Ｃ児が紙でつくったおにぎりを食べさせ，自分も食べるふりをして「おいしいねえ」と言ったりしている。

　子どもは体験した出来事やお話の中のことを記憶し，それをイメージとして再現できるようになると，事例2のようにごっこ遊びを盛んに楽しむようになる。「なってみたいな」という憧れをもち，自分がなりたいものになりきって遊びながら，しぐさや行動，なっているものに適した言葉遣いなどをしながら，様々な言葉や言い回しに触れたり，言葉のやり取りを楽しんだりするようになる。また，盛んに見立てやイメージを言葉で伝えることで，象徴としての言葉も豊かになっていく。保育者が子どものイメージや楽しさを受け止めて言葉で返したり，イメージに沿ってオノマトペ（擬音語や擬態語）などを使って表したりすることは，子どもがイメージを言葉にする楽しさや豊かに表すことを支えていく。

【事例3　宇宙って…　5歳児7月】

　七夕を機に子どもたちの星への関心が高まり，星に関する絵本やお話を聞き，保育室にはその本が置いてあったり，宇宙にまつわる写真などが掲示されたりしている。

　プラネタリウムへの遠足の後，ダンボールを使って，宇宙船づくりが始まった。「宇宙船から星が見えることにしよう」「いいね」と言って，ダンボールに小さな穴を

いくつもあけ，カラーセロハンを貼っていく。「星だらけになった」「星座もある」「これとこれとこれ…（と線でつなぎ）ギザギザ星」と言って笑い合っている。

　宇宙船の中での暮らしが始まり，買い物に出かけることになった。「まって，宇宙は空気がないんだよね」「じゃあ，ボンベがいる」「ボンベって何？」「空気が入ってて，背中についてるやつ」「ああ，それね」「つくってこよう」と言って，大きなペットボトルにひもを付けて背負えるようにし，マスクもつけた。「準備完了」「5，4，3，2，1，0！」と言って宇宙船から出発する。「宇宙って，浮かんじゃうんだよ」と，手足をふわふわとさせながら飛んでいるように歩いていき，空き箱の置いてある場所から，小ぶりの空き容器を持って宇宙船に帰ってきた。「これ，宇宙食ね。イチゴ味」「こっちは宇宙食の牛乳」「ここを押すと，味がかわる。（ピッと押すまねをして）カレーだ」「え，じゃあこっちはうどん」「カレーちょうだい」「いいよ」などと思いついたことを伝え合いながら宇宙船での暮らしは続いていく。

　事例3からは，一緒に遊ぶ友達との信頼関係の中で，安心して思いついたことを言い合ったり，聞きたいことを尋ね合ったり，友達のアイデアからさらにイメージが広がったりなどしながら，遊びがより楽しくなっていく様子を読み取ることができる。子どもたちが，自分の考えやイメージを相手が理解できるように言い換えるなどして，言葉を用いてよりわかり合うようになっていく姿も捉えることができる。「宇宙」について，子どもたちが同じことをイメージしているとは限らない。たくさんの星への憧れかもしれないし，宇宙船，宇宙服などへの関心かもしれない。しかし，それまでの保育における絵本やお話，様々な掲示物，素材を自由に扱いながら見立てたりつくったりしていること，プラネタリウムへの遠足などの共通体験があることにより，「宇宙」という言葉が子どもたちそれぞれに違うイメージを包含しながら，大まかなイメージを共有して遊ぶことを支えている。

　私たちは言葉を獲得することにより，個別に見ると異なったものやできごとや状況などを，分類，ラベリングなどを行い，同じものやことがらとして認識し，伝え合い，イメージを共有するなどのことを行っている。子どもたちが象徴としての言葉を豊かな体験を通して獲得し，楽しみながら様々に使うことは，イメージの世界を広げ，乳幼児期を豊かに過ごすことにつながる。それを支える保育者のあり方を考え続けていきたい。

3 ｜ イメージと言葉

❶ イメージの始まり

　イメージとは何であろうか。子どもたちは，どのようにイメージをもつのだろうか。

　イメージとは，心の中につくる像，心像などと訳され，心理学の各所で用いられている。イメージは，体験の中でつくられ蓄えられる。さらに，イメージはその後の様々な体験により，合成したり，入れ替えたり，組み合わせたりすることができる。

　すなわち，家庭や地域で何かを体験すると，イメージとして蓄積され刺激を受けたり，必要になったりしたときに，生き生きと想起されてよみがえってくる。また，そのイメージは，自分の内だけでなく，新しい経験やほかの人のイメージと出会うことで，新たにイメージを広げたり豊かにしたりしていくことができる。

　では，イメージはどのようにして生まれ，イメージと言葉はどのように結び付いていくのかをここでは考えていきたい。

　子どもは，生まれるとすぐに自己主張を始める。お腹がすいたり，部屋が暑すぎたりすると大声で泣いて，不快感を示したりする。

　また，4か月頃になると，玩具を目で追うようになる。子どもに対して右側から玩具を出し左に移動すると目で玩具を追う。その後，玩具を隠し，右側から出すことを繰り返すと，次にまた右側から出てくると期待して，右側を向いて玩具が出てくるのを待つようになる。これは，子どもが玩具が右側から出てくるということを記憶することができたのである。さらに，6か月前後では，自分の握っていた玩具を記憶し，一度放した玩具をほかの玩具に置き換えて渡すと，記憶像（イメージ）と違うと気づき，泣いて怒り出す姿が見られる。これは心の中で「持っていたもの」のイメージがはっきりした形をとってきた（中沢，1979，19頁）といえる。

　1歳前後になると人見知りやもの見知りが始まる。これは，子どもが，自分の身近にいる人の顔を記憶し，特定のイメージをつくり上げることになるからである。このとき，大人が繰り返し言葉をかけると，子どもは人やものと言葉を結び付けることができる。9，10か月頃までに，たいていの子どもは，言葉を実物と結び付け，そこに実物がなくても，言葉を聞くだけでイメージを思い浮かべることができるといわれている。

【事例4　ママはどこ？　11か月】

　D児に「ママはどこ？」と質問すると，すぐに母親を見た。この場にいない家の中で飼っている犬の「ななちゃんはどこ？」と問うと，いつも犬小屋が置いてある隣の部屋のドアを見つめた。

　これは，今，犬はここにいないが，いつもいる場所のイメージを記憶から取り出したことになる。子どもがイメージを操作した，といえるのである。
　また，この頃には，子どもは，たくさんのものを見たり体験したりして，イメージを蓄積していると考えられる。

【事例5　ブーブー　1歳4か月】

　E児は自動車が大好きである。家で自動車の玩具で遊ぶことが多い。母親とお使いに行くときにたくさん自動車の通る道を渡ってスーパーに行く。道を渡ろうとしたとき，救急車と消防自動車が続けて通った。それを見てE児は「ブーブー」と言った。家に帰ってからも，「ブーブー」と言って自動車の玩具で遊び，母親が「今日は救急車と消防自動車を見たね」と言うと，E児は救急車と消防自動車のミニカーを手に取って母親に見せにきた。

　これは，E児は乗り物の「ブーブー」という言葉について豊富なイメージをもっていることを表している。子どもの目に映るたくさんのものの中から乗り物を類別して，救急車や消防自動車を識別している。これは，E児がすでに，自動車という共通性に基づいてひとまとまりに分類して捉えていることで，確実で柔軟なイメージをもっているといえる。

　中沢和子[13]によると，子どもは，言葉以前から蓄えられたイメージを，ある範囲をもって整理している。食べ物，自動車，花などは類別され，別々のファイルにとじこまれていると言っている（以後,「ファイル」という言葉でまとめていく）。
　事例5のように，E児は「ブーブー」というファイルの中に，各々の小見出しをつけて，救急車や消防自動車を類別しているといえるのである。
　イメージのファイルは，視覚が中心だが，子どもが，ホットケーキを焼く匂いを感じて「マンマ」と言うなど，匂い，音声も綴じ込まれている。

② イメージと行動

　1歳から1歳半の子どもは，歩き始め，探索行動を始める。このとき，子どもは，今まで家の中で生活してきたことを，実際に基づいて，自分の中にファイルとして蓄積している。子どもは，そのファイルに沿って行動しようとする。

【事例6　口紅をつける　1歳4か月】

　F児は鏡台の所に行き，引き出しを開けた。初めに引き出しの中の小さなボトルを鏡台の上に並べ，口紅を見つけると，ふたを開け，くるくると口紅を出して自分の口近くに塗り始めた。

　子どもの探索行動は，決して手当たり次第に行われているのではない。すでに蓄えたイメージの中から動きをなぞっているのである。F児はしっかりと母親の化粧の様子を見てイメージとして蓄えていたものから取り出し，イメージの動き通りに行っているのである。これを「再現」という。このとき，ものとイメージと行動は結び付いていく。

【事例7　夜の電車　1歳7か月】

　G児は，夜，祖父の家から母親と一緒にわが家まで車で送ってもらった。そのとき，ちょうど踏切がカンカンカンと鳴って閉まり，電車が走り抜けていった。あたりが静かなためか，ゴォーン，ゴォーンと大きな音がして電車が通り，自動車のライトで電車の車体と車輪が浮かび上がるように見え，G児は「わぁっ！」と思わず声が出るほど驚いた。次の朝，G児は，起きるとすぐに，積み木を持ってきて電車に見立て，「ガタン，ガタン」と言って走らせ始めた。敷居のところに来ると，「カンカンカン」と言って腹ばいになり，すぐに「ゴォーン，ゴォーン」と大きな声を出して積み木を動かし始めた。

　その後も，細長いお菓子の箱を持ち出して，「ゴォーン，ゴォーン」と言って電車に見立てて遊んだ。

　見立てとは，ある実物に対して，ほかのものを同じものとして扱うことである。見立てを起こすには，子どもが実物に強いイメージをもっている必要があり，見立てるものと実物の間に何らかの共通性を見出すことで起こる。

　事例7では，夜，思いがけずに踏切が閉まり，電車が大きな音を立てて通過していった驚きがあった。その驚きによってファイルの中に蓄えられたイメージが，ファイルの中で，「ゴォーン，ゴォーン」という音と積み木を電車に見立てることを起こしていったといえる。動きと音を伴うものとなっていったのである。今まで，イメージは実物によってつくられてきたが，このときは，イメージに従っ

てものが選ばれる（中沢，1979，57頁）というように見立てが行われるようになったのである。

❸ イメージと言葉

　子どもは，辞書なしに言葉を覚えていく。発語は，状況の中で，子どもが大人の言葉を聞くことから始まる。歩き始める頃の子どもは，大人からたくさん話しかけられている。そこで，急速に状態や行動を表す言葉を覚え始める。

> **【事例8　アブイ，アブイ　1歳4か月】**
> 　H児が歩き始めの頃，台所に興味があり，目を離すと台所に行ってしまう。それを見て母親は「そっちはダメ。アブイ（危ない）ものがいっぱいあるからね。アブイ，アブイ。さあさあ，いい子だからこっちで遊ぼうね」と言って，H児をリビングに連れ戻していく。

　母親は，育児語を混ぜながら，歩き始めた子どもに話しかけていく。育児語は「お目目」「立っち」「寝んね」「アブイ」など，子どもにとって聞き取りやすく子どもにとって発音しやすい音である。子どもは，このような大人の育児語の混じった言葉をたくさん聞くことで，自分の発する言葉よりもたくさんの大人の言葉を聞き分けていく。

　さらに，ファイルには共通の言葉がある。それは，状態を表す言葉である。

> **【事例9　怖いもの　1歳6か月】**
> 　I児は，自動車に乗っていて，すぐわきを大型のトラックがすれ違ったとき「こわいねー」と言った。また，道でトノサマバッタを初めて見たとき，「こわいねー」と言った。さらに，夜，雨戸を閉めるときに，真っ暗な外を見ると「こわいねー」と言った。

　このように，「こわい」という状態や状況を表す言葉は，車の大きさ，見かけたことのない虫，暗さなど，どのファイルにも共通に使え，抽象度も高い。このとき，I児は「こわい」という言葉を十分使いこなしているといえる。このように子どもは，行動したり経験したりして，物の状態や動きに直結する言葉によってファイルを厚くしていくのである。

　子どもは，名詞から発語し始める。見たものと言葉の対応がつきやすいからだと考えられる。また，育児語の「おんり」「寝んね」などの行動を表す言葉も，名詞のかたちから次第に動詞に移行していく。

　子どもは，一語や二語しか言えなくても，身振りや表情などを加えると，ある

脈絡があり，一つの文脈となっている。これは，三語文，四語文に相当し，複雑な内容を表している。

【事例10　アーア，大変！　1歳5か月】

　J児は，台所から走ってきて，祖母に「アーア，アーア」と言った。祖母はまた何か事件が起きたと思い，台所にJ児と一緒に行ってみた。そこには，犬用に用意した水がこぼれていた。J児はこぼれた水を指さして「アーア，アーア」と言った。

　J児は，「アーア」と言って「大変なことが起きている」ことを祖母に知らせた。そしてさらに台所に行って「アーア」と言って，「ここに水がこぼれている」ことを伝えた。そして「アーア」と言って，「何とかしてください」と伝えている。

　中沢は「子どもは言葉がなくても，表情や動作で語ることができる。これは，すでに，ファイルの中で，文脈を組み立てられるからといえる。だから，次々と言葉を習得できるのであって，言葉を覚え，言葉の数が増えてきたからそれをつないで文を作るのではない」（中沢，1979，78頁）といっている。文脈はすでに子どもの内部にできているのである。

　また，子どもは，生活や行動の中で言葉を習得するが，そのほとんどは，大人が会話の形で子どもに話しかけたものである。

　子どもが喃語を出し始めると，大人がこれに応じ，また子どもも喃語で応えるようになる。これを続けていくと，子どもの喃語が断続するようになり，調子とリズムが大人の語りかけにならっていく。このように，子どもは，発語前から会話のイメージのファイルをつくり，表現しているのである。

　やがて，自分で発音し，外界の事物に対して視覚を通してイメージを蓄積し，事物と結び付けていく。

　子どもは，状況や行動や要求等の言葉をまず自分の行動に合わせて使い始める。「行こー」と言って自分が歩いたりする。次に二つの言葉が結び付き「ワンワンキタ」など，今ある事実を言葉で表す。これは，会話というよりひとり言の要素が大きく，1歳半から2～3歳まで盛んに行われる（中沢，1979，84頁）。

　二語の表現ができる頃，大人の言葉を受けて「オウム返し」が現れる。「ご飯食べる？」「ゴハンタベル」のようにみえるが，言葉の調子は，完全に答えの文になっている。答えの文をしっかり身に付けてから「ご飯食べる？」「うん」という形になっていく。このとき，子どもは日常生活の中で，かなり速い速さでオウム返しをしている。これは，「ことば一文[14]」（文法をそなえた言葉）が子どもの内部で独立した一つのまとまりをもって蓄積されているといえる。これが「こと

ば一文のファイル」である（中沢, 1979, 86頁）。

　そして子どもは,「これなあに」と何度も大人に同じものの名前を聞いて, 大人がそれに応じてくれることで大人の発音を聞き, ファイルを完成に近づけていく。このとき, 子どもはすでに, 物事には名前があることを理解しているのである。

　また, 2〜3歳の間に子どもは「自立」していく。衣類の着脱, 食事, 排泄などが手順通りに自分でできるようになる。これは, 着る, 食べる, 排泄するなどについて確実なイメージをもっていなければできない。つまり, 自立とは, 基本的な日常生活についてイメージをもち, それを時間的・空間的に操作できることを前提とするのである（中沢, 1979, 89頁）。

　この頃, 自立できるほどにファイルが整理され, ことば一文によって照合する力がついてくると, 子どもは絵やお話に出てくるイメージを, 積極的に自分のファイルの中につくろうとする。これは, 事実なしに言葉のイメージをつくり, イメージを照合するだけで言葉に当てはめることができるようになったといえる。

　さらに, 3〜5歳頃の間に「○○って何のこと？」と, 言葉で言葉の意味を知ろうとする。このとき, 子どもは, すでにイメージと結び付いたたくさんの言葉をもっていて, ことば一文でイメージを操作できていると考えられる。

　このようにして, 子どもは, イメージから言葉を獲得していくのである。

❹ ごっこ遊びとイメージ

　子どもは, ある年齢になると, 家庭から出て幼稚園等で集団生活を始める。そこでは, 今までなかったファイルを新しくつくらなくてはならなくなる。そのとき, 幼稚園に行き, しばらくすると家に帰るという輪郭をつくってから様々な言葉に関するイメージを綴じ込んでいく。子どもは, 様々な仲間の行動のイメージを蓄え, 新しいイメージをつくっていく。

　集団生活に入る前は, 子どもの会話は大人と行われていた。しかし子どもが一緒に遊びを行っていくには会話が必要となる。そこで, 保育者の援助のもとに子ども同士で話し始めていく。

　子どもたちが主体的に遊び始めると, ごっこ遊びが行われる。ごっこ遊びとは, 子どもが大人社会の生活, 行動様式をまねる遊びの総称で, ひとまとまりの構造と時間経過をもち人間関係を伴うものである。ごっこ遊びには, イメージの共有が必要である。

　ごっこ遊びをするには, 子どもが社会を観察してイメージを蓄積し, 自分の行動として表出できるほど確実なファイルをもっていなければできない。また, 子どもが自発的に始めたごっこ遊びは, 必ず何回も繰り返される。ごっこ遊びは, 現実とイメージと表出の三つにより構成される（中沢, 1979, 144頁）。現実の生活

の中でつくられたイメージが子どもの内部に蓄えられ，遊びとして表出される。遊びの中で，子どもは，それぞれのイメージを確認し，補正し合う。このとき，個々のイメージは異なることもあるため，すり合わせが行われる。こうして，ごっこ遊びは新しい要素を付け加え，事実全体のイメージに近づいていく。

【事例11　ハンバーガーやごっこ　5歳児11月】

　K児，L児，M児，N児はハンバーガーやごっこを始めた。みんなで「ハンバーガーをつくろう」と言って，ハンバーガーをつくり始めた。「私は，チーズバーガーをつくる」と言って黄色い紙を挟んだり，「テリヤキバーガーの方がおいしいよ」と薄茶色の紙を使ったりして，それぞれ本物に似せてハンバーガーをつくっている。ハンバーガーができると，「私，注文を聞くお姉さんになる」と言って，エプロンや頭に付けるものをつくったり，「ここは食べるところ」と言って椅子やテーブルを用意したりした。お客を呼びに行き，お客さんが来ると，「あっ，メニューがないわ」と言ってメニューをつくったり，お金がないことに気づき，お金をつくったりして遊びが続いていった。

　このように，ごっこ遊びは，自分たちが現実世界で経験したイメージを本物のように表出しようとし，つくったり会話をしたり，遊びながら足りないものに気づくとさらに現実に近くなるように工夫して物をつくり足していく。そのとき，ごっこ遊びの中で，イメージとして蓄えた言葉を遊びの実際の場面に即して使ってみることで，言葉の意味などを獲得していく。ごっこ遊びは仲間と共有するというところで言葉によって支えられているが，言葉を育てていく面も備えていて，幼児期にとっては重要な遊びといえる。

　ごっこ遊びの配慮点として，幼児一人ひとりのイメージは経験の違いから少しずつ違いがある。保育者は，どうすれば楽しいごっこ遊びになるのか，自分のイメージを伝えたり，相手の話を聞いたりしながら互いの考えに折り合いをつけていく時間と場を十分保障することが大切である。また，学級全体で絵本や物語を読み聞かせて，遊びの中で基本となるイメージが共有されるようにすることも大切である。すると，幼児はさらに新たなイメージをつくり出していくゆとりをもつことができる。また，保育者は，ごっこ遊びに必要なものを用意したりつくるヒントを与えたりして，子どもとともにイメージを実現するように援助していくことも大切である。会話をしながらものをつくることで，よりイメージの世界が膨らみ共有されていく。さらに，どのようなイメージを言い合っても受け入れ合う友達関係や温かい学級づくりが重要な要素となる。

注

(1) なお，言葉の獲得に関する領域の「内容の取扱い」は，要領にみられる記述，保育所保育指針の記述（厚生労働省，2018，267頁），幼保連携型認定こども園教育・保育要領の記述（内閣府・文部科学省・厚生労働省，2018，280頁），以上三者の間に全く違いがなかったため，保育所とこども園は省略することにした。

(2) 「バベル」という地名の由来について，旧約（新共同訳，2012，（旧）14頁）には，神が「全地の言葉を混乱（バラル）」させ，そこから彼らを「全地に散らされた」からであると記されている。なお現在，世界には5000種に及ぶ言語（ワトソン，1994，172頁）が存在するといわれている。インドだけでも845種もあるらしい。言語学者は，これほどまでに増殖した言語も，元を辿ればたった一つの共通言語に行き着くと考えている。

(3) エーコは，本節の共通言語を「完全言語」（エーコ，2011，68頁）と呼んでいる。エーコによれば，この言語によって，アダムは神と語り，アダムの子孫たちもこの言語を話していた。

(4) 松平千秋は「ブリュギア」と訳出しているが，現在の百科事典的な項目としては，「フリュギア」（Phrygia）が使用されている。

(5) ルソーの哲学的営為の中に「人間の幼年時代は人類の幼年時代を繰り返す」（ギュスドルフ，1970，22頁），つまり個体発生と系統発生との間の相同性の萌芽を見出そうとするのは，決して筆者だけではないように思われる。

(6) 本節の中のこの部分の叙述だけは，筆者の無知をさらけ出さなければならない。この場を借りて，筆者は一人の学徒として諸科学の最新の研究から多くを学び，本節の執筆に活用したことを明らかにし，深甚の謝意を表明する次第である。

(7) スタンフォードは，ミトコンドリアDNAの二つの「独特な性質」（スタンフォード，2018，218頁）を説明している。第一は，急速に突然変異を起こすため，DNA配列の変化は核のDNAの突然変異よりはるかに短い時間に蓄積される。その結果，二つの異なる集団が核DNAの違いを示さない場合も，科学者はミトコンドリアについて両集団の遺伝子を比較できる。第二は，ミトコンドリアDNAは母親だけから受け継がれる。したがって，両親の遺伝物質が混合してしまうことがないので，科学者はある人の遺伝子の遺伝パターンを遡ることができる。

(8) スタンフォードは，研究チームの偉業を次のように表現している。「今日地球上に生きている全人類60億人は，わずか14万年前にアフリカで生きた一人の女性の子孫」（スタンフォード，2018，219頁）であると。

(9) こうしたリーバーマンの仮説を補強したのが，その後の形態人類学の研究成果（國松，2004；馬場，2004）である。國松豊は「脳のサイズは，300万年ほどのあいだに，類人猿と同程度のアウストラロピテクス類から，その3倍程度の頭蓋容量をもつ現代人まで著しく増大した」（國松，2004，71頁）と指摘する。馬場悠男は言語獲得を「イグザプテーション（外適応）」（馬場，2004，58頁）の視点から説明する。消化器官あるいは呼吸器官としての口と鼻，そしてそれらが交差する咽頭があったからこそ，人間の言語は発達したのである。

(10) 喉頭の下降によって，人間は，「豊かな和音と幅広い音域に恵まれた最古の楽器。楽に持ち運べ，完璧な個性の表現となり，その持ち主以外は誰も演奏できない楽器」（ワトソン，1994，174頁），つまり「声」を手に入れることになった。

(11) 國松はこうしたリーバーマンの「声道復元」の試みを次のようにまとめている。「アウストラロピテクス類の声道は現生類人猿とほとんどかわらない。ホモ・ハビリスでは多少ヒト的な形状になるが，現代人のような音声を出すことは難しい。ネアンデルタール人に至っても，頭蓋底の屈曲は弱く，喉頭はかなり高い位置にあった」（國松，2004，73頁）と想定される。

(12) そもそも赤ちゃん学の前提として人間学がある。したがって，赤ちゃん学は，赤ちゃん期の人間学である。時代の要請を受けて，「赤ちゃん学」と命名され，筆者の知る限りでは，学生に大変人気のある授業科目である。赤ちゃん学は，同じように，児童学，青年学，壮年学，老人学の可能性までも私たちに教示しているように思われる。

(13) 中沢和子（1927- ）東京大学理学部植物学科卒業。子どもの数理解やイメージについて行動観察の事例から深めようとした。著書には『幼児の科学教育』『みる・かんがえる・ためす』『イメージの誕生』ほか多数。

(14) 「ことば」はものやものの状態，動きに直結する言葉，「ことば一文」は文法をそなえた言葉の結合として，中沢（1979，214頁）は取り上げている。

引用・参考文献

第1節

内村鑑三（1969）『内村鑑三聖書註解全集（第10巻）』教文館。

エーコ，U.／上村忠男・廣石正和訳（2011）『完全言語の探求』平凡社。

ギュスドルフ，G.／笹谷満・入江和也訳（1970）『言語』みすず書房。

國松豊（2004）「形態人類学から見た言語の起源」『大航海』第52号，68〜75頁。

厚生労働省（2018）「保育所保育指針解説」。

産経新聞「新・赤ちゃん学」取材班（2006）『赤ちゃん学を知っていますか？――ここまできた新常識』新潮社。

新共同訳（2012）『聖書（引照つき）』日本聖書協会。

スタンフォード，C.／長野敬・林大訳（2018）『直立歩行――進化への鍵』青土社。

ダンバー，R.／松浦俊輔・服部清美訳（2016）『ことばの起源――猿の毛づくろい，人のゴシップ（新装版）』青土社。

ドルティエ，J.-F.／鈴木光太郎訳（2018）『ヒト，この奇妙な動物――言語，芸術，社会の起源』新曜社。

内閣府・文部科学省・厚生労働省（2018）「幼保連携型認定こども園教育・保育要領解説」。

馬場悠男（2004）「言語の起源に迫る人類学」『大航海』第52号，52〜58頁。

ヘルダー，J. G.／大阪大学ドイツ近代文学研究会訳（1770＝1972）『言語起源論』法政大学出版局。

ヘロドトス／松平千秋訳（1999）『歴史（上）』岩波書店。

ホッブズ，T.／水田洋訳（1651＝1992）『リヴァイアサン（1）』岩波書店。

文部科学省（2018）「幼稚園教育要領解説」。

ルソー，J.-J.／竹内成明訳（1986）「言語起源論」『ルソー選集（6）』白水社。

ルソー，J.-J.／今野一雄訳（1762＝1999）『エミール（上）』岩波書店。

ワトソン，L. W.／内田美恵訳（1994）『ネオフィリア――新しもの好きの生態学』筑摩書店。

第2節

厚生労働省（2018）「保育所保育指針解説」。

小林春美（2005）「言語発達と共同注意」岩立志津夫・小椋たみ子編『よくわかる言語発達』ミネルヴァ書房。

東京都教育委員会（2012）『平成21・22・23年度 就学前教育プログラム及び就学前教育カリキュラム実証研究事業〈3年次報告〉』東京都教育庁指導部義務教育特別支援教育指導課。

内閣府・文部科学省・厚生労働省（2018）「幼保連携型認定こども園教育・保育要領解説」。

文部科学省（2018）「幼稚園教育要領解説」。

第3節

柴崎正行・戸田雅美・秋田喜代美編（2010）『保育内容「言葉」』ミネルヴァ書房。

中沢和子（1979）『イメージの誕生――0歳からの行動観察』（NHKブックス353）日本放送出版協会。

第2章　言葉の役割

1 ｜ 伝達機能

❶ 「伝達機能」としての役割

　　人から人へと言葉をつないだり，伝えたりしていく遊びがある。これらの遊びでは，次々と言葉が送られる楽しさ，同じ言葉を共有する喜び，さらに参加した人との連帯感を味わうことなどができる。「伝達機能」として，ここでは言葉を単に伝えるだけでなく，言葉の役割という点から「伝え合う」ことを意識して考えてみたい。

　　「伝え合う」ことは自分の思考や感情を言葉や表情などで発したことが，一方向的でなく，他者に理解されたり受け入れられたりすることが大切である。つまり言葉における「伝達機能」は，「話す」という行為と「聞く」という行為の交換によって成り立つ。

　　人は，耳を傾けてくれたり関心をもってくれたりする相手がいると話をしようとする。「話す」ことは，相手にとって「聞く」ことであり，どのように話せばわかってもらえるのか，理解してもらえるのかを思考する。また「聞く」側も，相手の話からイメージをしたり，話の内容をつかもうとしたりする。ここに「伝達機能」としての言葉の力が育まれるのである。

　　さらに言葉によってイメージの共有や伝わる（伝える）喜びを味わうなど，伝達することで，人と人，あるいは人から人へとその関係をつなぎ，深めることができる。

❷ 乳児期──言葉にならない「ことば」からの始まり

　　乳児は「泣く」「ほほえむ」「手足を動かす」などによって，様々な状態を表出する。このように泣いたり表情を変えたりすることに応じてもらったり，声をかけてもらったりすることで，情緒的なきずなを形成していく。この情緒的なきずなをもとに，「アー」「ウー」などの喃語に対する周囲の大人の応答によって，次第に語彙を増やしていく。

言葉を発しない乳児は，表情やしぐさなど身体全体を使って自己を表出する。それに大人が意味づけて言葉をかけ，関わるなど，言葉が出現する以前の情緒的な交換や楽しいやり取りが乳児の「伝達機能」の基盤となっていくのである。そして，その後の言葉の獲得へとつながり，言葉で伝える楽しさ，喜び，満足感などを感じるようになり，乳児の世界を広げていく。

❸ 幼児期──自分と異なる「他者」との出会い

　　家庭の中で過ごした幼児が，園という幼児教育の場での生活を始めると，自然と言葉のやり取りは多くなってくる。これまでは周囲の大人が自分の思いを汲み取って対応してくれていたのに対して，集団の場で出会った「他者」という自分と異なる異質な存在は，自分の思い通りに動いてくれないことを日々の生活で学んでいく。

　　たとえば「嫌だ」と自分の気持ちを伝えると，家庭では詳しく話をしなくてもその場の状況から何が嫌であるのかをわかってくれたり，解決に向けて言葉をかけたりしてもらえた。ところが，園では自分の「嫌なこと」が他者にうまく通じないことが出てくる。つまり集団の場では，言葉を使って自分の気持ちを伝えたり説明したりすることが必要となり，言葉の発達における他者の存在は大きい。

　　さらに自分と他者の要求や思いが違うことから，気持ちのずれやいざこざになることもある。思い通りにならないことから，幼児は他者に対して，どのように伝えるべきかを考えたり，自分の気持ちを整理したりしながら，自分以外の気持ちや立場にも気づくようになっていく。

　　このように幼児は共同の生活の場で他者と出会い，様々なものの見方や考え方を深め，「伝え合う関係」が育っていくのである。

❹ 「伝わる言葉」を育む

　　双方的な働きをする「伝達機能」において，幼児同士が互いにその内容や意図を理解し合うことが第一の条件となる。幼児の主体的な関わりを大切にしながら，幼児同士のやり取りを保育者がどのように考え支援していくのかを，見守ったり育んだりしていくことが必要である。

【事例1 「お庭を1回回ったら…」 4歳児4月】

　　2年保育4歳児のY児はこだわりが強く，自分の気持ちを相手に伝えることが苦手だった。友達との言葉のやり取りは一方的で，コミュニケーションがとりにくい面がみられた。

　　Y児は幼稚園に入園したときからブランコに乗ることが好きで，ブランコの座面が

赤，黄，青とあるうちの赤のブランコに乗ることに特にこだわっていた。周囲の友達もY児が赤いブランコが好きだと知ると，自分が赤いブランコに乗っていてもそのブランコをY児に譲ることもあり，Y児にとって心地よい毎日だった。

　Y児が年長児に進級したあるとき，何も知らない年少児（入園児）のM児が赤いブランコに乗っていると，そこへ近づいたY児は，言葉で貸してほしいことを言えず，鎖をつかんで揺らし始めた。「やめて！」と驚いたM児がキッとY児をにらみ返すが，Y児は鎖を揺らしている。「やめてって言っているでしょ！」とM児は語気を強め，互いに譲ろうとしない。

　駆けつけたT保育者はその場の状況を察して，Y児に待つように言うが，Y児は鎖に手を置いたまま動こうとしない。そこでT保育者は，M児と目を合わせて「いつになったら替わってくれるのかな？」と尋ねると，M児は「もうちょっと…」と小さな声で答えた。T保育者は笑顔を見せながら「もうちょっとしたら替わってくれるのね。ありがとう。でも"もうちょっと"って，どれくらいかなあ。Yちゃんがお庭をぐるりと1回回ってくるくらいかな？」と尋ねると，M児はT保育者を見ながら「そう！お庭を1回回ってくるくらい…」と教える。

　「お庭を1回ぐるっと回ったら替わってくれるんだって」とT保育者がY児に伝えると，Y児は急いで園庭を走り出した。Y児が園庭を大きく一周してブランコに戻ると，交替することを拒んでいたM児がすんなりブランコから降りてY児に譲ることができた。

　幼稚園のブランコは交替して使うものであることを，年少児であるM児もそれなりに感じていたのだろう。しかしもっとブランコに乗りたいという気持ちとの葛藤があり，「もうちょっと…」の一言はその場の雰囲気で答えたようだった。しかしT保育者はM児の言葉をしっかり受け止め，さらに具体的な言葉で返しながらM児の気持ちを確認していた。一方，Y児にとっても「もうちょっと」の言葉では見通しがもてなかったが，T保育者の「お庭を一周する」という具体的な言葉に納得した。M児にもY児にもわかる言葉が「伝わる言葉」となった。他者に伝えるときは，相手にもわかる言葉で話をすることが伝達機能としては必要になってくる。

保育の場で「貸して」「いいよ」とかけ合う場面に出くわすことがよくある。当然，人とコミュニケーションをすることでその関係が保たれるのであるが，本心は異なる場合もある。幼児たちは同じようなことをしていても個々の楽しみも感じ方も異なる。「貸して」と言われると，当然のように「いいよ」と返答しなければならない状況になっていることもある。その場で保育者がどのように幼児を見守り，育んでいるかによってその関わり方が異なってくる。

また，幼児期は生活の中で言葉と対人関係が一体となって発達していく。そのため，幼児は保育者の何気ない言葉や表情から物事を判断したり，ときには伝えようとしていた自分の気持ちを変更したりする場合もある。伝達することは，単に言葉を伝えるだけでなく，互いに他者を理解しようとする気持ちや他者への思いやりなどを育む。保育者が幼児一人ひとりと丁寧に関わっていくことや幼児の発達する姿を温かく見守っていくことは不可欠である。

保育の中で，幼児が「話す」「聞く」など伝達機能を発揮できるよう，保育者は幼児の言葉を一緒に楽しんだり，経験や体験を共有したりしていく役割がある。さらに保育者は，幼児一人ひとりの気持ちを理解し，伝達機能としての言葉が自己と他者，人と人とをつないでいく役割があることを大切にしながら関わっていくことが重要である。

2 思考機能

思考と言葉は切り離すことのできない関係にある。しかし，考えている過程は他者にはわからない。それは，心，あるいは頭の中で考えているからである。子どもは遊んでいるときに，たとえば，シャボン玉がうまくふくらまないと，「あれ？ きえちゃった」「ふぅってしなきゃ」と息を弱めるなど，「ひとり言」を言いながら遊ぶ姿がよく見られる。これは，子ども自身が言葉を用いて考えている様子であり，思考としての言葉の内容が，外に現れている状態である。「こうすると，こうなる」「こうだったら，ああしようかな」など言語化することで思考がなめらかに行われるのである。

園生活における子どもたちの姿をもう少し見ていく。

① 子どもの姿を通して考える思考機能

> **【事例2 「入った」「入らない」 1歳児10月】**
> 保育者は一人ひとりの興味のある物や場を確保し，子どもが保育者と一緒に遊べる

ように環境を構成することを心がけている。ある日、砂場にヒューム管や雨どいなどを用意し、ボールが転がるように、砂場のヘリを使って傾斜をつけておいた。また、いろいろな大きさのボールを合わせて用意した。

　N児は設定したヒューム管に砂を入れたり、いろいろな大きさのボールを入れたりしている。野球ボールを持ちヒューム管に入れようとするが、管よりも大きい野球ボールは入らない。保育者がN児に「入らないね」と言うと、N児は「入らない、入らない」と言って、すぐ横に設定してあった雨どいにボールを入れて転がす。

　数日後、再びヒューム管と雨どいを設定すると、N児は野球ボールを入れようとして「入らない」と保育者に伝えてくる。「入らないね」と共感すると、雨どいの方に転がす。今度は少し小さいテニスボールをヒューム管に入れて「入った、入った」と言って、保育者を見ている。同じ場で遊んでいるほかの子どもも「入った」と言葉や動作をまねして遊んでいる。

　N児は室内では玉さしで遊び、穴に玉が入ると「入った」と言う。パズル遊びでは、ピースがうまくはまらないと「入らない、入らない」と保育者に伝える。手を添えて一緒にパズルをし、ピースがはまると「入った」と言う。

（東京都教育委員会，2012，128頁を一部改変）

【事例3　逃がしてあげて　5歳児4月】

　4歳児の晩秋から「ぴんちゃん」と名づけて学級で飼っていたチョウの幼虫は、さなぎになって越冬し、動かなくなっていた。進級を機に、保育者が子どもの目につくところに移動しておくと、ある朝、羽化して容器の底でじっとしているチョウにA児が気づいた。大騒ぎでみんなに知らせ、「お腹すかせているんだ」とB児と一緒に花を摘んできたり、図鑑でチョウの種類を調べたりし、驚きと喜びを表していた。

　「ぴんちゃんを幼稚園で飼いたい」とA児たちが話していたので、保育者は、学級全員が集まった場で、どうするか相談してみた。すると、幼稚園で飼い続けたいと思う子どもたちと逃がしてあげたいと思う子どもたちとで、それぞれの思いを出し合い、話し合いが始まった。

　「ここじゃ、狭くてかわいそうだから、ダンボールで家をつくろう」「ダンボールじゃ暗いから、透き通ったシートを張れば喜ぶ」とA児たち。C児たちは「広い空を

飛びたいから，生まれてきたんだよ」「花の蜜を吸いたいんだよ。ここは花がないから，お腹がすくよ」と言う。Ｂ児は，「毎日，花を摘んでくるから。水も」と，大切に飼おうとしている気持ちを話す。それを聞いてＤ児は，「チョウは３日で死ぬんだよ。ビニールの中じゃかわいそう」と言う。

話し合いはなかなか終わらない。保育者は，どの意見もその子どもなりにチョウのことを考えていると思い，結論を急がず，それぞれの意見を「そうね」「そう考えたのね」と受け止めた。そして，一人ひとりの意見を受け止める保育者の姿によって，友達にはそれぞれの考えがあることを子どもたちに知らせることにした。

Ｃ児は突然，隣に座るＢ児に「ねえ，かわいそうだから。お願い。逃がしてあげて」と頼み始めた。するとほかの子どもも保育室のあちこちで説明を始め，飼いたかった子どもが一人ずつ説得に応じていく。最後に残ったＡ児もみんなにお願いされ，涙ぐみながら「いいよ」と答える。そして，ベランダからみんなでぴんちゃんを逃がし，「元気でね」「また遊びに来てね」と飛んでいくのを見送った。

（国立教育政策研究所教育課程研究センター，2005，122〜123頁を一部改変）

　事例２の１歳児Ｎ児の姿からは，子どもが言葉を獲得する瞬間を見せてもらっている気持ちになる。興味をもった遊びを繰り返す中で，自分の行為とその結果を「入った」「入らない」という言葉と関連づけて体得している。言葉は，子どもが，思考をどこまでも抽象的な概念世界へ発展させていくことを可能にする道具であるともいわれる（今井，2010，180頁）。Ｎ児は転がす遊びで体得した言葉を，別の日や別の遊びでも繰り返し使い，保育者を見て確かめながら，より様々な状況で適応させている。「これは入るかな」と考えたり，「きっとこれは入る」と予測したりしながら遊んでいるようにも見える。新しい言葉の獲得は，Ｎ児に周囲の世界を捉える新しい視点をもたらしているのであろう。

　５歳児の事例３では，チョウの飼育をめぐって，それぞれの思いが言葉で表され，話し合われている。その中では，言葉により自分の行動を計画し，制御するようになることや，自己中心的な思考から相手の立場に立った思考もできるようになっていく発達の姿を読み取ることができる。ここでは相手の立場は「ぴんちゃん」であり，思いの違う「友達」である。ぴんちゃんにとって暮らしやすくするためには何が必要か，自分たちは何をすればよいのかを，体験や知っていることを生かし，言葉を使いながら考えている。また，友達に何とか自分の思いを伝えて納得してもらいたいという気持ちから，理由づけや解決策を考え，知っている言葉を駆使しながら，相手に伝えようとしている。ぴんちゃんを逃がしてあげたいと思う子どもたちも同様である。相手にわかるように言葉で伝えようとすることで，自分の考えがはっきりとし，まとまったり，深まったりするようにな

るなど，思考力の芽生えも培われていくことが，5歳児の姿から浮かび上がってくる。

　1歳児と5歳児では，発達には当然大きな差があるが，どちらも興味や関心をもって身近な環境に関わることや，してみたいことへの強い思いがあることが読み取れる。また，そこには，ともに生活しながら言葉を添えたり，子どもの言葉や思いや考えを受け止めたりする保育者の姿がある。幼児期における言葉と思考を考えるときにも，「環境を通して行う教育」という幼児期の教育の基本に立つことの重要性が改めてわかる。

❷　子どもの発達をふまえた言語環境や言語活動の充実

　これまでみてきたように，思考と言葉には，深いつながりがあり，抽象的な思考になればなるほど，言葉の働きが重要になってくる。すなわち，子どもが体験したことが，言葉と結び付いて初めて思考がより自由になるのである。そのために，子どもの体験した世界を広げ，豊かな言葉に導くための工夫が必要である（山口，1997，50頁）。

　子どもが様々な体験を言葉で表現できるようになっていくためには，自分なりの表現が，保育者や友達，さらには異なる年齢や地域の人々など，様々な人へと伝わる喜びと，自分の気づきや考えから新たなやり取りが生まれ，活動が共有されていく満足感を味わうようにすることが大切である。その喜びや満足感を基盤にして，子どもの言葉で表現しようとする意欲はさらに高まっていく。

　園においては，言語に関する能力の発達が思考力等の発達と相互に関連していることをふまえ，園生活全体を通して，遊びや生活の様々な場面で言葉に触れ，言葉を獲得していけるような豊かな言語環境を整えるとともに，獲得した言葉を子ども自らが用いて，友達と一緒に工夫したり意見を出し合ったりして，考えを深めていくような言語活動の充実を図ることが大切である。

　園生活を通して，より豊かな言語環境を創造していくためには，まず，子どもが自分なりの言葉や言葉以外のもので表現したとき，それらを保育者自身が受け止め，言葉にして応答していくことで，子どもが伝え合う喜びや楽しさ，表現する面白さを感じていくことが大切である。その際には，保育者は正しくわかりやすい言葉で話したり，美しい言葉を用いて優しく語りかけたり，丁寧な文字を書いて見せたりして，子ども一人ひとりに保育者の言葉がしみていくような関わり方を工夫する必要がある。

　また，遊びの中で，歌や手遊び，絵本や紙芝居の読み聞かせ，しりとりや同じ音から始まる言葉を集める言葉集め，かるたづくりなどといった活動を意図的に取り入れ，子どもが言葉に親しむ環境を工夫し，言語活動を充実させていくこと

も大切である。

　いずれの際にも，日々の園生活において，保育者が子ども一人ひとりにとって豊かな言語環境となることを保育者自身が自覚する必要がある。とくに，保育者は子どもの身近なモデルとして大きな役割を果たしており，保育者の日々の言葉や行動する姿などが子どもの言動に大きく影響することを認識しておくことが大切である。

3 ｜ 言葉の行動調整機能

　幼児期は，言葉を獲得し，語彙の拡大，基本構文，音韻，意味の理解なども獲得していく大切な時期である。

　言語の機能としては，伝達機能，思考・認知機能，行動調整機能が考えられるが，本節では行動調整機能について具体的な幼児の姿から考えてみたい。

❶ 他者からの言語による依頼，命令，示唆によって行動を調整

　子どもは言葉を獲得して，自分の感じたこと，考えたこと，したいことなどを言葉で表現するようになるが，自分以外の人から発せられる言葉も聞いており，次第に相手の言っていることがわかるようになっていく。そして，相手からの要求や依頼，指示などを受けて自分の行動を調整して，行動することができるようになっていく。

> **【事例4　「園服も脱いでね」　4歳児4月】**
>
> 　E児は2年保育で4月に入園した。
>
> 　ある朝，「おはようございます」と登園してきたが，保育室の入口に立ったまま，戸惑っている。保育者が気づき「おはようEちゃん」と声をかけ，「カバンと帽子をかけてね。園服も脱いでね」とやや大きな声で言う。
>
> 　E児は，保育者の声かけを聞いて部屋に入り，まわりの幼児を見ながらカバンを肩から外し，自分のロッカーのフックにかけた。しばらくまわりの友達を見ていたが，帽子もとり，カバンと同じロッカーのフックにかける。側にいたK児と言葉を交わし，園服を着たまま，二人でブロックのある所に行き遊び始める。

　事例4のE児は，保育者の言葉かけを聞き，その指示に応じた形で行動を調整し，行っている。しかし，園服を脱ぐことは行動に移すことができなかった。このように，指示が複数になった場合は，すべてを行動に移せない場合があり，年

齢が上がるにつれて複数の働きかけも行動に移せるようになっていく。

　子どもはほかの人が発する言葉を聞いて，その言葉の意味を理解し，行動に移すというプロセスを経て，自分の行動を調整していくことになるため，働きかけられたことがすべて行動に移せるということにはならない。内容の複雑さ，言葉のかけ方，語気の強弱，発語している人との関係が影響を及ぼすためである。言葉を聞いて行動に移すためには，わかりやすい言葉で指示される必要がある。子どもの聞く力との関係をふまえて，言葉のかけ方に配慮が必要である。

　次に，子ども同士では相手からの言葉かけにより行動調整がどのように行われるかについて見ていくことにする。

【事例5　「もっといっぱいだよ」　4歳児10月】

　園庭の砂場でF児，G児，H児が砂山をつくっている。

　F児が「Gちゃん，そっちから掘って」とG児に向かって言う。

　G児は手で自分の前の砂を少しすくい，F児のほうを見る。

　F児「もっといっぱいだよ。手で深く掘って」と大きな声で言う。

　G児は左手を砂の上について，体を傾けて，右手で強く，砂を掘り，深くしていく。

　G児は「掘って」と言うF児の言葉により，砂を少し手ですくう行動をしているが，F児の「もっといっぱい」「手で」「深く」という具体的な指示により，体を砂山に近づけ，力を入れて深く掘っている。これは，初めの行動がF児の依頼・指示に沿わないものであることがわかり，次に出されたF児からの具体的な指示で自分の行動を調整し，沿う行動を起こしていると考えられる。

　このように，行動が指示に沿うものになるためには，言葉が具体的で，理解されやすいことが重要であるが，子ども同士の会話の場合は，互いに話す力も聞く力も十分ではないため，伝わりにくく，ずれが生じることも多い。

❷　子ども自身の外語によって自分の行動を調整する

　子どもが遊んでいる場面をよく見てみると，ひとり言を言っているのを見かけることがある。次の事例6は5歳児の5月のI児の事例である。

【事例6　画用紙とひとり言　5歳児5月】

　I児が画用紙を取ってきて，机の前に座り，マジックを持つと丸い形を描く。

　「あっ，しまった。これ描いたんじゃないよ」と言い，○を手でこする。

　マジックを持ったまま，まわりを見るが，自分の描いた○の上にゆっくり○を描く。

　そして体をぐらぐら動かし，立ったり座ったりする。マジックを親指と人差し指の間にはさみ，マジックを何回も動かす。

「この辺でストップして，ちがうの描いていこう」と言う。マジックを持ち変えて，「しかく」と言いながら□の絵を描く。「さんかく」と言いながら，△を描く。

このようにひとり言を言いながら，行動を起こしたり，やめたり，転換したりしている姿が多く見られるが，どのようなときに外語による行動調整が見られるかを考えてみたい。

① 自分の欲求を確実に実行したいとき，言葉で何をすべきかを発して，自分に命令し，行動を起こしている。

　事例6のⅠ児は「しかく」と言葉に出して言い，自分が描くものを確認し，自分のイメージを確実に行動に移そうとしている。

② 自分の欲求を充足する過程で，何らかの障害が起こり，欲求の置き換えと行動の転換が必要なときには，自分を励ます言葉が使われている。

　Ⅰ児は○がうまく描けないと感じ，体を動かしたり，立ったり座ったりしているが「この辺でストップして，ちがうの描いていこう」と行動の転換を図る指令を自分に出している。

③ 自分の欲求を充足する過程で，自分の不明確なイメージを言葉に出すことによって確かめ，自分に言い聞かせて行動に移そうとするとき，言葉が使われている。

【事例7 「足をもっと上げればいいんだ」 5歳児6月】
　J児が園庭の鉄棒に行き，友達が逆上がりをしているのを見ている。3人の男児が逆上がりを何回もしている。しばらくすると逆上がりをしていた3人がブランコに移動した。
　鉄棒に誰もいなくなったとき，J児が両手を順手にして鉄棒につかまり，左足を振り上げるが，どたんと落ちる。「逆上がり，できないなあ」と言う。
　もう一度足を振り上げる。しかし，足が途中までしか上がらず落ちる。
　「上がっても落ちる」と言い，「よし，もう一回やろう」と言う。
　手を鉄棒に戻し，足を振り上げるがまた落ちる。「足をもっと上げればいいんだ」と言い，足を振り上げる。
　無言で何回も続けてする。

　J児は，逆上がりに挑戦しているが，できないのでどうしたら成功するのかを考え，逆上がりの動作のイメージを言葉に出して，その通りに動作してみようと

している。具体的な動作のイメージを言葉で表すことで，動作をしやすくして成功させようとしている。

また，「もう一回やろう」という言葉で，自分を励まし，促している。

❸ 自分自身の内語によって行動を調整する

このような外語による行動の促進や抑制は，子どもたちが成長するに従い，言葉が聞かれなくなっていく。ヴィゴツキー（Vygotsky, L. S.）は，音声を伴わない内面化された思考のための道具としての言語を内言（ないげん），通常の音声を伴う伝達の道具としての社会的言葉を外言（がいげん）と分類している。ヴィゴツキーは，発達的には「外言から内言へ」と移行していくとしており，内言の分化は，幼児期に始まるとしている。

内言は頭の中で考えるために使われるとされているが，子どものひとり言と行動との関係をみてみると，内言化した言葉が子どもの行動を調整しているものと考えられる。しかし，内言の把握ができないので，推測の域を出ない。

言葉は，他者からの働きかけにより，行動を起こさせたり，抑制したり，自分自身に呼びかけて行動を起こしたり，自分を励ましたり，行動を変更したり，止めたりするという「行動調整機能」を有し，子どもの発達に大きな影響を及ぼしている。

引用・参考文献
第1節
岩田純一（2011）「論説　伝え合う言葉のはぐくみ」『初等教育資料』6月号，東洋館出版社，82〜85頁。
岡本夏木（2005）『幼児期——子どもは世界をどうつかむか』岩波書店。
桐原美恵子（2019）「幼児が主体となる保育者の関わりについての考察——保育者の言葉を中心に探る」神戸女子短期大学『教職課程研究』No. 3，16〜17頁。
第2節
今井むつみ（2010）『ことばと思考』岩波書店。
国立教育政策研究所教育課程研究センター（2005）『幼児期から児童期への教育』ひかりのくに。
東京都教育委員会（2012）『平成21・22・23年度　就学前教育プログラム及び就学前教育カリキュラム実証研究事業〈3年次報告〉』東京都教育庁指導部義務教育特別支援教育指導課。
文部科学省（2018）「幼稚園教育要領解説」。
山口茂嘉（1997）「幼児期の言葉の発達と思考力」文部省幼稚園課内・幼稚園教育研究会『幼児一人一人のよさと可能性を求めて』東洋館出版社。
第3節
ヴィゴツキー，L. S.／柴田義松訳（2001）『思考と言語 新訳版』新読書社。

第3章　言葉の発達

1 ｜ 言葉の発達の理論

❶ 保育者が言葉の発達を理解すること

　　人間社会に生まれ出てきた子どもは，他者との関わり合いを通して，言葉を含めたあらゆる文化を獲得していく。そのため，子どもたちと最も身近に接する機会の多い養育者，保育者には，言葉の発達の過程について把握し，それぞれの時期に適した関わり方について理解を深めておくことが求められる。

　　言葉のおもな機能は，他者に向けられたコミュニケーションの手段，すなわち伝達の道具（外言）である。それに加えて，自己に向けられた思考の手段としての機能をもっている（内言）。ヴィゴツキーによれば，コミュニケーションの手段としての外言が，やがて思考のための内言へと発展していく。すなわち，言語の獲得は，単なるコミュニケーション手段の獲得というだけではなく，言葉による思考力の発達，豊かな感情，情緒の獲得という側面がある。このように，子どもが言葉を獲得していく過程において，子どもの言葉と心は密接不可分である。乳幼児期において，養育者，保育者は，思考の発達を支えているコミュニケーションを重視して，子どもたちと積極的に関わっていかなければならない。

　　本章では，おもに誕生から学齢期までの言葉の発達について，伝達の手段と思考の手段という二つの側面から考える。

❷ 言葉の機能と発達の区分

　　子どもの言葉の発達について考える際，その発達段階の分け方は諸説あり，また個人差も大きい。「保育所保育指針解説」では，「乳児保育」「1歳以上3歳未満の保育」「3歳以上の保育」に区分されている（表3-1）。また岡本（1985）では，「ことば以前」（誕生〜12か月頃），「ことばの誕生期」（12か月〜3歳頃），「一次的ことば期」（幼児期から学齢前期），「二次的ことば期」（学齢期以降）の四つの時期で捉えている。本章では，岡本の四つの時期に依拠して以下のように区分して解説する。

表3-1 「保育所保育指針解説」における言語発達に関する記述

	本章の区分	「保育所保育指針」	言葉の発達に関する記述（要約）
1	前言語期	乳児保育	・人との関わりの面では，表情や動き，泣き，喃語などで自分の欲求を表現し，これに応答的に関わる特定の大人との間に情緒的な絆が形成されるとともに，人に対する基本的信頼感を育んでいく。
2	発語期	1歳以上3歳未満	・言葉の理解が進み，自分の意思を親しい大人に伝えたいという欲求も高まる。指さし，身振り，片言などを盛んに使い，応答的な大人とのやり取りを重ねる中で，この時期の終わり頃には，自分のしたいこと，してほしいことを言葉で表出できるようになる。 ・玩具を実物に見立てるなどの象徴機能が発達し，言葉を交わす喜びを感じながら，大人と一緒に簡単なごっこ遊びを楽しむようにもなる。
3	幼児期	3歳以上	・話し言葉の基礎ができ，日常生活での言葉のやり取りが不自由なくできるようになる。知的興味や関心も高まり，身近な環境に積極的に関わる中で，様々な物の特性を知り，それらとの関わり方や遊び方を体得し，思考力や認識力も高まっていく。

出典：厚生労働省（2018）より改変。

①「前言語期」（誕生～1歳頃）

②「発語期」（1～3歳頃）

③「幼児期」（3～6歳頃）

④「学齢期」（6歳頃～）

　岡本が「一次的ことば」と「二次的ことば」と分類した幼児期以降の言葉の発達理論の特徴は，学齢期に質的な転換が図られることを示唆した点にある。

　「一次的ことば」とは，現実の状況的文脈で使用される言葉のことである。具体的には，その場に居合わせている親しい人との関係で使用される「話し言葉」のことである。「一次的ことば」には以下の①～④のような特徴がある。

　①相手との一対一的・対話的関係の中で働く。

　②その相手は，不特定多数ではなく，特定の親しい人であることにより，了解し合って，経験を共有しやすい。

　③話のテーマが具体的で，その対話場面に直接関係する事物について話し合われる。

　④コミュニケーションの内容が，そこでの言葉の文脈によってだけでなく，そのときの場面（状況）の文脈によって伝わる。

　幼児のコミュニケーションの大きな特徴は，言語活動が，相手との言葉のやり取りの中で展開されるという点にある（岡本，2005，168～169頁）。「一次的ことば」とは，子どもと生活をともにする養育者や保育者との対話を通して獲得される，身近な事象に関する言葉である。

　一方の「二次的ことば」とは，具体的現実場面で使用される「一次的ことば」

と異なり，現実を離れた場面，言葉のみの文脈で使用される「話し言葉」「書き言葉」である。これは身近な養育者，保育者を対象とした「話し言葉」ではなく，不特定の一般者ともコミュニケーションをとるための言葉であるといえる。児童期までの言葉の発達は，「一次的ことば」の充実と，「二次的ことば」への移行が重要である。こうした「二次的ことば」の習得は，おもに学校教育が担っているため，保育者や小学校低学年の教師の役割は非常に大きいのである。

2 各年齢の特徴

❶ 前言語期（誕生〜１歳頃）

　言語の発達について考える場合，とりわけ乳幼児期においては言葉以外のコミュニケーションについても視野に入れていく必要がある。「前言語」を広い意味（広義）で捉えれば，２歳頃までの乳幼児にみられる言葉以外のコミュニケーションのすべてを含めることが可能である。しかし，ここでは前言語期を，狭い意味（狭義）で捉え，誕生から１歳頃の子どもが最初の単語を発する前の期間とする。

　誕生から６か月の時期は，空腹や不快など生命維持に必要な生理的原因で，泣くことによって大人の注意を引く（叫喚）。つまり，乳児が泣くことは，生命維持に必要な要求を養育者（母親など）へ伝達するための手段である。一方で，よく眠った上に乳も十分に与えられ，さらにおむつも汚れていない不快でない状態のときには，クーイング（cooing）がみられる（非叫喚）。クーイングとは，「アー」「ウー」「クー」など，喉を使って出す母音を中心とした発声である。

　さらに，６か月頃から１歳では，喃語（babbling）と泣き声による快，不快の表現がある。喃語とは，子音と母音がつながったものであり，入浴，授乳時などに「バー」「ブー」など快の表現として発せられることが多い。喃語は，文化（母語）の差異や子どもの聴覚能力とは関係なく，似たような発声が確認できることから，成熟過程（遺伝的）の結果であるとされる（ランド，2006，55〜56頁）。

　また，聴覚について，乳児期はあらゆる言語の音声を区別することができる。しかし，６か月以降になると母語にある音（例：日本語話者の場合「ら」「り」「る」「れ」「ろ」）とそうでない音（例：外国語の「ra」「la」など）との区別がつくようになる。こうして，母語にない音（例：外国語の「r」と「l」）を識別する能力が急速に低下し，母語習得の土台が形成される（白井，2008）。

　次の事例１のように，前言語期は，愛着（attachment）の形成期であるため，喃語を受け止め，言葉かけをしていくことが養育者への信頼感の形成につながる。こうして，６か月以降に特定の養育者との心理的な結び付きが強まることにより，

いわゆる人見知りが始まるのである。この前言語期における乳幼児に向けた養育者の独特な語り方を，マザリーズ（育児語，motherese）と呼ぶ。マザリーズの特徴として，①「高めの声」，②「抑揚のあるイントネーション」，③「ゆっくりで繰り返しが多い」などがある。こうした擬音語や擬態語を駆使したマザリーズは，子どもの注意を引き，快感反応をしめすことから，言語獲得が促進されると考えられている。

【事例１　わらべ歌を通して　０歳児】
　　子育て支援センターでの親子ふれあい教室でのこと，様々な月齢の子どもをひざに抱っこして「ちょちちょちあわわ」の手遊びが始まった。養育者と養育者に抱っこされた赤ちゃんは，ともに保育者の方を向き，養育者は後ろから赤ちゃんの手をもって，歌に合わせてその手を頭やひじにもっていく。「おつーむてんてん，ひじぽんぽん，ちょちちょちあわわ，かいぐりかいぐりとっとのめ　おつーむてんてん，ひじぽんぽん」。ゆっくりとしたリズムに合わせて，高めの音程で歌われる声に，子どもたちは心地よさそうな表情で保育者を見つめ，養育者とともに動きやリズムを楽しんでいるようである。一度歌が終わるたびに，養育者の手に導かれて拍手をするのであるが，次第に，導かれずとも，自分で拍手をするようになった。柔らかな音や声が流れる中で，どの親子も笑顔で安心した表情を見せながら遊びを楽しんでいる。

　子どもが誕生して間もない時期，養育者の多くは，子育てに不安を抱えている。そのような中，同じ思いをもつ養育者同士で集まって，こうした遊びを楽しむ経験をすることは，子育ての楽しさを感じる機会となるとともに，養育者に心の安定をもたらすことにつながる。そして，その心の安定は，子どもにも伝わり，子どももまた安心して心地よい音や声を聞きながら遊びを楽しむことにつながっていく。
　まだ言葉の出ない乳児期，乳児は耳を澄まして集中して周囲の音や人の声を聞き取っている。とくに人の声に対する集中力は高いともいわれており，養育者や保育者，周囲の大人は，その状況に合わせて，乳児にできるだけ優しく語りかけることが大切である。また，乳児は，一定のリズムを好んで楽しむことも多く，わらべ歌や子守歌などを歌って聞かせることも大切である。このような経験を通して，人に対する信頼感が築かれ，こうした人に対する信頼感がコミュニケーションの基盤となっていくのである。

❷　発語期（１〜３歳頃）

　１〜２歳頃は，つかまり立ちから直立二足歩行へと移行する時期である。これとほぼ並行した言語の発達は，発声の多くは喃語であるが，そのほかに単語（初語）も使うようになる。この時期は，「一語期」とも呼ばれ，こうした初語の時

期には個人差があるが，概して女児の方に早い傾向がみられる。

　初語にいたるまでには，母親をはじめとした周囲の養育者が繰り返し発した語彙が模倣されたものであると考えられる。そのため，言葉の発達過程においては，他者からの言葉かけによって子どもが言語をインプット（入力）することが不可欠である。

　しかし，子どもは言葉をインプットすることにより，他者からの刺激を機械的に模倣して話し始めるのではない。この時期は，言葉の理解が進み，自分の意思を養育者に言葉で伝えたい（出力，アウトプット）という欲求も高まる。つまり，子どもが言葉を話すときには，自分の活動を通して自主的に言葉を選択し，使い始めていくのである（岡本，1982，5頁）。

　そのため，この時期においては，養育者が子どもに心を開いたコミュニケーションをとることにより，子どもの感性，情緒を育てることが重要である。こうしたコミュニケーションを通して，語句，語彙力を身に付けることができる（川島・安達，2004）。

　言葉を使うためには，①個々の単語がどのような形式をとり（音韻），②ほかの単語とどのように結合し（文法），③どのような概念を指示するか（意味）を知らなければならない（針生，2013）。つまり，言語の獲得において重要な作業は，個々の単語に対応する適切な概念を理解して結び付けていく語彙の獲得であるといえる。おおむね1歳から1歳半で獲得する語彙は，30〜50語程度といわれる。

　発語期にみられる特徴の一つ目として，一つの単語（一語文）で様々なメッセージを伝えることがあげられる（一語文の多義性）。たとえば，「マンマ」という語には，「お母さん」「ごはん」「お腹すいた」「抱っこして」などの意味が含まれている。養育者は，子どもの表情や動作，その場の状況などを勘案して子どもの意図を正しく解釈していくことが求められる。

　二つ目として，擬音語や擬態語などを用いて単純化した言葉であることがあげられる。具体例としては，「ワンワン（犬）」「オンモ（外）」「クック（靴）」などの名詞や，「ジャブジャブ（洗う）」「ナイナイ（片づける）」「モグモグ（よく噛んで食べる）」などがあり，反復される音節の表現が多いことも特徴的である。これは，発声器官が発達していないこの時期の子どもが発音しやすい言葉かけ（幼児語）が養育者，保育者によって行われているためでもある。

　一語期における発声の発達について，言語環境，遺伝による個人差があるものの，後出の事例2にみられる「マンマ」「ママ」などの両唇音（マ行，パ行，バ行）が発声しやすいことがわかっている。この両唇音とは，上下両方の唇を使って発する音であり，具体的には「ブーブ」「バーバ」「パパ」などの両唇破裂音（パ行，バ行）と両唇鼻音（マ行）に分けることができる。これは，乳児期におい

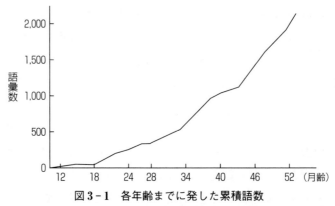

図3-1　各年齢までに発した累積語数

資料：Ganger, J. & M. R. Brent (2004) "Reexamining the Vocabulary Spurt,"
Developmental Pnychology, 40(4), pp. 621-632 より作成。
出典：石上ほか（2013）30頁。

て，呼吸，授乳，離乳食など両唇を使う機会が多いことと関わっている。

　その後，「タベル，タベナイ」「ダッコ」「ナーニ」など舌先と前歯の歯茎とを接触または接近させる歯茎音が発声できるようになる。歯茎音のうち，歯茎破裂音（タ行，ダ行）や歯茎鼻音（ナ行）などは発音しやすい一方で，狭い隙間から吸気を出す歯茎摩擦音（サ行，ザ行）などは幼児期でも発声が難しい。たとえば，歯茎摩擦音のサ行では，「チャカサ（逆さ）」「チュベリダイ（滑り台）」「オトウタン（おとうさん）」「チェンチェイ（せんせい：先生）」などのような発声がみられる。

　一語期におけるそのほかの発声の特徴には，「あがと（ありがとう）」のように音が脱落したり，「バンガレ（ガンバレ）」や「たがも：tagamo（たまご：tamago）」のように音の順序が入れ替わったりするなどの発音の乱れが生じることも特徴である。

　他者との関わり合いにおいては，「指さし」「身振り」などの身体表現を盛んに使い，非言語的なコミュニケーションによっても自分の要求を表出する。こうした「指さし」などの身振り，片言などを盛んに使いながら，徐々に自分のしたいこと，してほしいことを言葉で表出できるようになっていく。また，象徴機能が発達し，砂遊びや積み木遊びなどにおいて，自動車や食べ物に見立てて遊ぶことができるようになる。

　「指さし」のような子どもの非言語的なコミュニケーションに対して，養育者，保育者は，これを解釈し，「あそこに○○があるね」「～したいのかな」など言語化して応答していくことが求められる。こうして養育者，保育者が，受容的，共感的にコミュニケーションをとることにより，子どもたちと心を通わせていくことが重要である。

　1歳6か月頃から，「ボキャブラリー・スパート」（vocabulary spurt），または「語彙爆発」（vocabulary explosion）と呼ばれる語彙が急激に増加する現象がみられる。こうして，早い子どもで1歳6か月から2歳前後にかけて文法に関する意

識が芽生え，二語をつないで発することが可能になる。図3-1に示されているように，この頃の語彙数は500前後になっている。その後，2歳以降になると三語文（多語文）を発するようになる。しかしながら，「ママ」「パン」「たべる」などのように，単語を並べるだけで助詞などが欠落している場合も多く，文法の発達は不十分である。

　2歳前後になると，片言ではあるが，自分のしたいこと，してほしいことを言葉で表出できるようになる。言葉の獲得により，知的興味や関心が高まったことから，周囲の大人に「これ，なーに？」「なぜ？」「どうして？」といった質問を盛んにするようになるため，この時期は質問期とも呼ばれる。養育者，保育者は，こうした子どもの発言に受容的，共感的に応答し，理解されていると感じさせることが重要である。

　また，自己主張（反抗期）が始まり，「イヤ」「あっちいって」「ダメ」などの自己中心的発話がみられ，けんかや衝突が起こる。養育者，保育者は，子ども同士の関係を調整するための言葉のモデルを示していく必要がある。

　さらにこの時期の言葉の発達を促すには，2歳頃までを対象としたいわゆる「赤ちゃん絵本」の読み聞かせを行うことを通して，擬音語，擬態語のリズムを感じさせながら，生活に密着した語彙に触れさせる。このように，応答的に他者とのやり取りを重ねる中で，2歳から3歳にかけて自分の言葉で要求や主張ができるようになっていく。

【事例2　色を媒介に　1歳児】

　ある保育所でのこと，観察者（筆者）が，園庭に出ると，園庭で遊んでいた1歳児の数名は，見慣れない人物がやってきたと思ったのか，一斉に観察者に目を向けて，じっと見つめてくる。

　赤い帽子を被った1歳児A児は，観察者のそばまでやってきて，傍らに置いてあったタイヤの中に入る。A児は，タイヤの中の土をつまんでみたり，タイヤの外側に置いてある観葉植物の葉をひっぱったりし，数メートル離れた保育者の方へ手をあげながら「マンマ，マンマ」「ママ，ママ」とひとり言を言う。その間，時折観察者を見る。観察者と目が合うと，自分の赤い靴を左指で指して見せるが，言葉はない。観察者が「あかいくつだね」と言うと，すぐに左指を帽子にもっていって指す。帽子も赤色なので，同じということを示したかったのだろうか。観察者が「ぼうしもあかだね。おなじだね」と言うと，園庭にいる赤い帽子を被った友達を次々に指でさしていく。A児は言葉を発することはないのだが，「あかい」という言葉が赤色を指していると理解しているのか，観察者の「あか」や「あかい」という言葉を媒介にして，やり取りをする。

A児は，自分の担当保育者を見ながら「マンマ」「ママ」などのひとり言をつぶやいている。親しみを感じる相手を表す表現なのだろうか。ひとり言にも感じられるのだが，時折傍らの観察者に視線を移してくることから，観察者へのアプローチでもあるようだ。

　A児が自分の靴を観察者に指さして見せた思いはほかにあったのかもしれない。しかし，観察者がその色を言葉に出したことが，A児の中では，帽子も同じ色であるという思いにつながり，それを動きで表したのだろう。そしてさらに，ほかの幼児も同じ色の帽子を被っていることを観察者に知らせようとしている。言葉といえる言葉は出ないのだが，自ら周囲の大人に関わろうとする意欲をもち，自分なりの表現をしている。

　なお，観察者は，保育所の園庭に一歩出たときに，幼児の視線が一斉に自分へ向けられてドキリとする。幼児は日常的に存在する大人（人的環境）の中に，新参者が入ってくると，その変化を敏感に感じ取り，何者かと，興味を向けてくる。人に対する敏感な感性を感じ，乳幼児の世界への入り方はどうあったらよいのか考えさせられる。謙虚な優しい入り方に配慮することが必要なのだろう。

【事例3　小さな歓声　1歳児】

　園庭には，大きな砂場のほかに，小さな1歳児用の砂場がある。その中に，1歳児のB児とC児がしゃがんでいる。砂場は二人でいっぱいになる広さで，砂場の外側に保育者も同じようにしゃがんでいる。砂場の中にいるC児は，外側の保育者に対面して座り，左手に型抜き，右手にシャベルを持ち，シャベルで砂をすくっては，型抜きに入れることを繰り返す。保育者が花びらを渡すと，うれしそうに笑って受け取ったり，手でつかんだ砂を上にあげて保育者に見せ，「あ〜！」と叫んだりする。B児はC児を横から見る向きにしゃがんでいて，シャベルで砂をすくってはそれを持ち上げて，砂を高い位置から地面に落とすことを繰り返す。C児にもB児にも言葉はないが，表情は明るく楽しそうである。保育者が，C児と同じように型抜きに砂をシャベルで入れ，次に手でしっかりと砂を押し込んで固め，地面にひっくり返すと，型が抜ける。すると，C児は「わぁ！」と声を出して喜ぶ。C児は，カップに砂を入れて，口元にもっていき，口をもぐもぐと動かしてご飯を食べるしぐさをする。保育者は，その動きに応えるように，一緒に口を動かす。C児と保育者との一対一の動きのやり取りの中で，「あぁ！」「わぁ！」等，小さな歓声が響く。

　1歳児のB児とC児は，同じ砂場に一緒にいることを意識し合いながら，B児はシャベルで砂をすくってはそれを持ち上げ，高い所から砂を地面に落とすことを楽しんでいる。一方C児は，保育者がして見せる型抜きを見たり，カップに入れた砂をご飯に見立てて食べる動きをしたりすることを楽しんでいる。

　B児にもC児にも言葉はなく，C児の口から発せられるのは「わぁ！」や「あぁ！」の小さな歓声。しかし，その内面には，"ごはんできた""たべよう""たのしいな"等の思いがあるように読み取れる。

　この保育所では，保育者との愛着関係を築き，人への信頼感を育むことを大切に考え，担当制を敷いている。そして，一人ひとりの自発性や主体性を大切に考え，幼児一人ひとりの動きやその思いが保育者に丁寧に受け止められている。

写真3-1　友達と一緒に

　B児とC児は，入園して3か月が過ぎた頃ではあったが，それぞれが興味をもったものや人に自分から関わっていく中で，言葉は発せられずとも，保育者と幼児が，幼児と幼児が互いの視線や動き，所作などでコミュニケーションをとっている。

　言葉を獲得していくときには，このような心と心のやり取りが豊かになされることが大切であり，こうした経験が，自分の思いを相手に伝えたいという欲求や意欲を強くし，他者との関わりが心地よく楽しいものであると感じることにつながっていく。

【事例4　していることやしようとしていることを言葉に　2歳児】

　保育室から園庭に出たすぐ近くに，2歳児のN児とH児が向き合ってしゃがんでいる。二人の間には，ままごと用の皿が置いてあり，N児は右手にシャベルを持ち，地面の砂をすくっては皿に入れ，砂がシャベルから皿にこぼれ落ちる様子を見ながら「バイバイ」と声に出すことを繰り返している。時折，1歳児の保育室の方を見ては（1歳児はまだ園庭に出てきていない）「あそんでないねぇ」とひとり言を言う。向かいのH児は黙ってN児と同じように，シャベルで砂をすくっては皿に入れる。

　N児は「あとアイスクリームつくろう」と言い，シャベルですくった砂を皿へ入れ，「バイバイ」を繰り返す。その後，砂場の用具置き場からコーン型のカップを持ってきて「アイスクリーム，アイスクリーム」と節をつけて言う。急にH児に「ジュースは？」と問いかけるが，H児は黙ったまま，砂を手に握って口元にもっていき，口をもぐもぐと動かして，食べる真似をする。それを見たN児は「あれー」「あらー」とうれしそうに言う。

　N児は，砂をカップに入れ，皿の上にひっくり返して型を抜こうとするが，崩れてしまう。再度1歳児の保育室を見ながら「いないかなー」とひとり言を言う。

　1歳児の部屋からI児が出てきて，N児のそばに来る。N児は「Hちゃんとやってるから，ちょっとまっててね」とI児に言う。そして，皿の上にカップをひっくり返

して乗せたまま「できたー！　ハッピ　バースディ　ツーユー，ハッピ　バースデー　ツーユー」と歌いながら，園庭の真ん中にあるログハウスへ走って持っていく。Ｈ児は黙ったまま，Ｎ児の後をついて走っていく。さらにその後を追ってきたＩ児に「まってて〜いま，Ｈちゃんとあそんでるから〜」と再び言う。

　Ｎ児は，シャベルやカップ等の道具を自分で使い，操作することを楽しんでいる。また，砂のこぼれる様子を「バイバイ」という言葉とともに楽しんでいる。さらに，アイスクリームをつくることを思いつき，「あとアイスクリームつくろう」と言っているが，この時期の幼児には，自分のしようとすることを宣言したり，"いまＨちゃんとあそんでいる"と，自分の状況を言葉にしたりする姿が多く見られる。さらにＮ児は，コーン型のカップを持ってくる一方で，１歳児が園庭に出てくることを予想して，期待もしている。

　Ｈ児はほとんど言葉を発することがなく，Ｎ児の動きや言葉に添いながら一緒にいることを楽しんでいる。

　Ｎ児とＨ児は，同じ２歳児同士ではあるが，発話の様子はそれぞれに異なっている。しかし，それぞれの思いは満たされているように捉えられる。

　ここには，一人ひとりが自分なりの興味やペースで，やりたいことを見つけて，ゆったりと遊ぶことができる時間と空間がある。こうした環境は，幼児一人ひとりが自分のもてる方法で物や人と関わり，そこから新たな状況が生まれたり刺激を受けたりし，さらに自己を表す方法を獲得することにつながっていく。

❸　幼児期（３〜６歳頃）

　幼児期の３〜４歳頃は後出の事例５にみられるように，引き続き自己中心的な発話でありながらも，他者との関わりによって徐々にその世界を広げていく。自分のこと（一人称）を「ボク」「ワタシ」「オレ」などと言うようになり，自我が形成されてくる。この頃，理解できる語彙が急激に増加して1500〜2000語ほどになっていくため，日常会話が不自由なく成立するようになる。

　４〜５歳頃になると文法構造の習得が顕著になり，重文，複文を用いて言葉を文章化できるようになる。想像力，創造力が発達し，現実に体験したことと，絵本など想像の世界で見聞きしたこととを重ね合わせたり，心が人だけではなく他の生き物や無生物にもあると信じたりする。想像力の発達に伴い，お化けや架空の生き物など想像の世界への興味，不安や恐れの気持ちを経験する。こうした想像力の広がりにより，お話づくりやごっこ遊びなど，言葉による創造をすることができる。さらに，嘘をつくことも可能となる。

　さらに，思考力，認識力の高まり，他者への配慮や時間の概念を獲得すること

ができるようになる。集団行動の中で，言葉による伝達や対話の必要性が増大し，後出の事例6や事例7にみられるように，仲間との話し合いを繰り返しながら自分の思いや考えを伝える力や相手の話を聞く力を身に付けていく。納得できないことに対して反発したり，言葉を使って調整したりするなどの力が芽生える。

　幼児期の保育においては，絵本やお話の読み聞かせを行うことが重要である。絵本の読み聞かせについては，『おおきなかぶ』のような言語表現や話の展開を繰り返す絵本だけでなく，想像力の高まりに伴い物語性の高い絵本も理解して楽しむことができるようになる。さらに，5〜6歳頃になると，『エルマーのぼうけん』に代表される幼年文学の読み聞かせによって，音声だけに頼りながら想像力を育むことが可能となる。絵本やお話の読み聞かせは，想像力を育みながら語彙の獲得を促すのである。

　さらに，絵本の読み聞かせは，子どもが，①事物（対象），②音韻，③文字を一致させることに大きく寄与している。たとえば，絵本『おおきなかぶ』の読み聞かせを繰り返すことにより，やがて子どもたちは，絵本に描かれた①「かぶ」（絵），②「か」「ぶ」（音），③「かぶ」（文字）を一致させることができるようになり，一人読みへの移行が進んでいくのである。

　このように，幼児期後期に音韻を意識することが可能となるため，かるた，しりとりなどの遊びができるようになる。さらに，5歳児頃になると文字に興味を示す子どもが多くみられ，自分で進んで文字を読もうとする行動がみられる。子どもが文字を読むことを習得することについても，保育者は，子どもたちの興味・関心を重視し，楽しみながら習得できるよう支援していく姿勢が重要である。

> **【事例5　思いや認識のすれ違いを通して　3歳児】**
> 　3歳児E児は，保育室中央でウレタン積み木を重ねたりつなげたりして，家に見立てて遊んでいる。その隣ではK児も同様にウレタン積み木で遊びの場をつくっている。
> 　E児が「Rちゃん　ここにきてもいいよ」と近くにいたR児に声をかける。R児は「ありがとう」と言うと，抱っこしていた人形を見ながら「どっちにねかす？　こっち？」と家の中のどこに赤ちゃんを寝かしてよいのかE児に尋ねる。E児は積み木を構成することに気持ちが向かっていて返事をしない。R児が再び「こっち？」と尋ねると，E児はR児を見ず上の空で「うん」。R児は納得できないのか再び「こっちなの？」と尋ねると，E児は「赤ちゃんは，こっち」と指示する。そして，傍に来たM児に「Mちゃん，こっち入っていいよ」と言う。R児はE児の指示がまだ納得できない様子で「ねえ，Rの赤ちゃんはどこ？」と強い口調で尋ね，自分が寝かしたい場所を指して「ここ？　ここ？」と繰り返す。E児が「いいよ」と言うと，ようやく納得する。
> 　E児は隣のK児に「Kちゃん，ここまでやっといて，いいよ」と，自分の隣にK児

写真3－2 「赤ちゃんはどこ？」

の場をつなげてもよいことを伝える。R児が「Eちゃん，ごめんね」と言うが，E児からの返事はなく，E児は「Mちゃん，ここのっていいよ」とM児の居場所を示す。するとR児は「ねえねえこっちいい？」と，今度は自分の居場所をE児に確かめる。E児の返事はない。K児が「Eちゃん，おとうちゃんね」と言うと，E児は「Rちゃん，おとうちゃん！」と言う。

すると，R児は「ねえねえ，R，おんなのこなの。おとうさんじゃない！　R，おんなのこ！」と怒る。すると，E児は不思議そうな顔をして「おんなのと（こ）？」と，つぶやく。K児が再び「Eちゃん，おとうちゃん」と言う。するとE児は「おんなのと（こ），おんなのと（こ）おんなのと（こ），ここすわっていいよ」とR児に言うと，R児は「Rは，こっち？」と確認する。M児が「Mは？」と尋ねると，E児は「こっちじゃないよ，Mちゃんこっちにすわるの」とさっきと異なる場所をM児に指示し，「Rちゃんは，ここですわって」と言う。R児とM児が座る場所が決まると，R児は「Rはおんなのこだからおかあさんなんだよ」と言う。E児は，今度は「あっ，いいね！」と言う。

　事例5の前半では，E児とR児のやり取りが中心になっている。E児の主題は，自分がつくった遊びの場にR児やK児，M児など友達を招き入れたいという思いである。一方，R児の主題は，赤ちゃんの寝場所と自分の居場所を自分が望むところに決めたいという思いである。E児とR児はそれぞれに自分の主張をしているが，E児は，R児が言っていること，その思いを受け止めておらず，R児はそのことを感じてイライラした気持ちをもちながら何度も「こっち？」や「ここ？」を繰り返し，納得できる寝場所や自分の居場所を見出していく。

　後半では，K児がE児にお父さん役を振ってきたのにもかかわらず，E児はR児にお父さん役を振り，R児の強い抵抗を受けている。しかし，E児は，そのことがなぜなのか，また，「おんなのこ」とは何なのか，わからない様子であり，E児の性認識や性別を表す言葉の理解が，K児やR児のもつ“男の子はお父さん，女の子はお母さんという認識”とは異なっていることがわかる。E児は，R児は「おんなのこ」といわれる仲間なのだということを初めて知ったものと思われる。なお，E児は，「おんなのこ」の「こ」を「と」と発音している。

　幼児一人ひとりの家庭環境は異なり，経験も異なる。それぞれの経験を背景にごっこが展開されると，それまで自分がもち得ていた認識がくずされたり，新たな認識を得たりする。自分の経験をもとにした自分がもち得ている語彙で，幼児は，それぞれの思いを主張し，すれ違ったりぶつかり合ったりすることを通して，

世界を広げていっている。

【事例6　共通体験を通して　4歳児】

　砂場で，N児，K児，T児が「流しそうめん」と言い合いながら，N児とK児は，シャベルで穴を掘って水をため，T児は，水たまりからそうめんを流す水路をつくっている。水路ができあがると，トイを持ってきて，水路につながるようにトイを半分に割った竹筒に見立てて水を流す。トイは地面に対して水平に置かれている。

　N児は「みんな〜あつまれ〜」と誰に呼びかけるともなく声をかける。観察者が傍にいることに気づき，「流しそうめんの味見してみてください」と声をかけてくる。観察者が食べる真似をし，「ありがとう，だしがきいて，おしょうゆの味もちょうどいいです」と言うと，N児は「しょうゆ，しょうゆ」，K児は「おみずいれちゃった〜」と，それぞれにバケツで水を穴に入れる。K児は「かりかりもいれましょ」と言いながら，枯れ葉をちぎって入れる。

　K児はもう一本トイを持ってきて，先のトイにつなげて，「流しそうめんよ」と言う。N児はK児に「ねえ，おみずいれたら」と言うと，K児は「いくよ〜流しそうめん，流しそうめんだよ〜いくよ〜じゃあ〜」と，つないだ2本目のトイの端からバケツの水を流す。N児も「おみずだ〜」と叫んで喜ぶ。K児は改めて「よし！　流しそうめんやるか！」と決意したように言うと，N児も「流しそうめんやるか！」と言った後，「ねえ，みんな〜みんな〜そうめんだよ〜」と言う。新たな水路を掘ろうとしていたT児も一緒に「みんな〜そうめんだよ」と言う。突然，K児が「あっ，Kいいことおもいだした」と言うと，N児「なにを？」，K児「これを…ピタゴラスイッチ…」と言いながら，トイを2本持ってくる。1本の端をバケツを返した上に置いて高くして，さらにもう一本をつなぐが，バケツを頂点とした形になる。K児がトイのつなぎ目から水を流すと，穴と反対の方向へ水が流れる。これを見たN児は「ちがうちがう，こっちから，こっちから，ちがうよ〜」と，バケツに置いたもう一本のトイの端から水を流すように言う。K児は言われたところから水を流すと，N児「そうめんができた，やった〜！　そうめんができた！」と喜び，K児は「おいしそう！」と言う。N児は，保育室にいる保育者に向けて大声で「しぇんしぇい〜そうめん，いまからね，つくるからね」と言う。

写真3-3　流しそうめん

　N児，K児，T児は，"流しそうめんをしよう"という思いで一致している。そして，これを実現するために，3人は，トイやバケツ，シャベル，水，砂などを操作し，トイの長さや高さを変えたり，うまくいかないことで新たに水を流す場所を考えたりしている。

この遊びの中では，"流しそうめん"が主題となっているが，この園では，夏祭りで実際に流しそうめんを経験していることから，そのイメージは共有されており，さらに楽しかったという思いが，これを再現して遊ぶことにつながっている。

　3人は，「みんな〜」「ねえ」「○○したら？」「いくよ〜」など，相手に呼びかけたり提案したりする表現を使っており，互いに仲間意識をもっていることが感じられる。同時に，それぞれ自分の動きや意思を「かりかりもいれましょ」「よし！　流しそうめんやるか！」などと独語（自分自身に話す）のように宣言している。しかし，これは仲間への宣言とも読み取れる。

　友達との関わりが楽しく感じられるようになると，遊びの主題を一つにして，その実現に向けて動きが生まれ，そこに言葉が添えられていく。K児は「いいことおもいだした」を「ピタゴラスイッチ」と置き換えているが，このように，やり取りの中で，考えやイメージがさらに膨らみ，そこにその幼児のもてる言葉が添えられていく。

　安心して自分を出せる友達との関わり，友達と一緒に遊ぶことが楽しいと感じられる経験が言葉を豊かに育んでいく。

【事例7　互いの経験をすり合わせながら　5歳児】

　R児とY児はそれぞれにブランコ（一人乗り）に乗る。思い切り漕いで，どのくらい高いところまでいけるかに挑戦しながら，「こわ〜い！」「キャー！」と言いながら楽しむ。その後，Y児が向きを変え，二人は互いに向き合うように漕ぎながら会話をする。

R児：「こわかったら，ちょっとさ〜，すくなくする」（ブランコの高さが怖くなったら，少し低くなるように調整するという意味）

Y児：「え？　なんで？」

R児：「だって，こわいもん，だって，りょこういったときさ〜たかいところからさ〜，きゅうに，あの〜，ここらへんが（胸にてのひらを当てて）なんか，ふわぁとするかんじとかする…」

Y児：「あ〜ひこうき！　いやだ！　こわいんだよ。だって，みみいたくなるんだよＹ」

R児：「Rちゃんも！」

Y児：「いっしょだ〜！　いっしょ！」とてもうれしそうに言う。

Y児：「いたくなってね，いつもね，ごほうび…。あのね，なおらないから，あめなめ…あめっていうか…ラムネたべてる！」

R児：「ラムネ？」

Y児：「うん」

> R児：「Rちゃんだったら，ラムネとかあめとかもっていかないで，みみいたいとき
> 　　　はさ，あのさ，おねえちゃんに，なんかひこうきのおねえちゃんにおしえて
> 　　　もらったんだよ」
> Y児：「え？　どうやって？」
> R児：「あの，はなをおさえて，あと，くちもおさえて，くちもしまって，それで，
> 　　　ふ〜って，がんばってやったら，あのさ，きえんだよ」（ブランコを止めて，
> 　　　耳抜きをする動作を実際に動いて見せながら）
> Y児：「おねえちゃんいるの？」
> R児：「そうだよ〜パーティションにいるでしょ，ごはんもってきてくれる」
> R児：「なんか，おんなじようにとんでるみたいだよ」とブランコを大きく漕ぐ。
> Y児：「でも，Rちゃんのほうがちょっと，か（は）やいんだよ〜」
> Y児・R児は二人でブランコを大きく漕ぎながら「キャ〜」と叫ぶ。
> Y児：「めっちゃ，はやい！」

　R児とY児はブランコを高い位置まで漕ぐことに挑戦しながら，飛行機を連想し，飛行機に乗って耳を痛くした経験をそれぞれにもち寄って，会話を楽しんでいる。

　R児は，飛行機が高度を下げたときの感覚を，「ここらへんが」と胸を示しながら「ふわぁっとする」と表現し，それを聞いたY児は，耳が痛かったことを思い出している。同じくR児も耳が痛かったことを思い出して，同じ経験をしていることを喜び合っている。Y児が，家庭からラムネを持っていって対処していることを伝えると，R児は，キャビンアテンダントに耳抜きの仕方を教えてもらったことを実際に動きで示しながら伝えている。

　Y児の「おねえちゃんいるの？」は，R児には姉がいるのかという意味で尋ねている様子であったが，それに対して，R児は飛行機の食事を出してくれる人のことだと答えている。

　二人の間には，ブランコを高く漕ぐことに一緒に挑戦して楽しむという気持ちが共有され，飛行機に乗っていることが連想されたことから，互いに経験していることが同じだったということが見出されて，さらに楽しさやうれしさを感じている。

　年長児となると，語彙も豊富になり，活発に会話がなされるようになる。とくに，気の合う友達との何気ない会話や目的を共有しながら自分たちの遊びをつくっていく中での会話は，互いの経験や考えを活発に言葉で表現する。安心して自分を表現できる友達との関係性が築かれていることが基盤となっており，保育者には，幼児同士の関係性を読み取り，互いを受け入れ合える温かな学級をつくる力量が求められる。

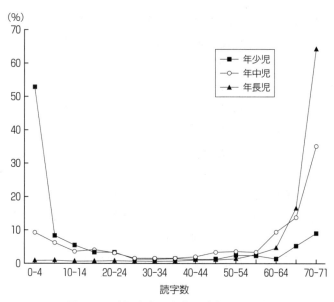

図3-2　清濁音全71文字の読字数の分布

出典：泰野（2001）197頁。

④ 学齢期（6歳頃〜）

　　教育課題である「幼小接続」については，保育者と小学校教諭が第1節で述べたような「一次的ことば」から「二次的ことば」への移行について考えていくことが重要である。

　　これまでみてきたように，子どもの言葉の発達は，音声言語を「聞く」ことから始まり，それを模倣して自ら言葉を選び「話す」ことにつながる。幼児期から児童期の言葉の発達は，こうした話し言葉に基づく「一次的ことば」の充実という土台の上に，「二次的ことば」が形成されるのである（岡本，2005）。

　　前項で触れたように，幼児後期から学齢期にかけては，文字への関心が高まり，自分から覚えようとする傾向がみられる。図3-2の「清濁音全71文字の読字数の分布」によって示されているように，ひらがな50音46文字と濁音25文字のうち，年長児の大部分がほぼすべての文字（ひらがな）を読めている。

　　幼児期においては「読む」ことの習得が進む一方で「書く」ことについては，自然習得が困難であり，保育における扱いには慎重になる必要がある。幼児が「書く」ことについて困難である理由として，以下のものがあげられる。

　　①音声言語と異なり，文字言語の習得には，筆記具の持ち方や筆順などの言語を表現する過程が求められる。

　　②幼児にとって，曲線の多いひらがなは，直線の多いカタカナに比べて書くことが難しい。

　　③幼児にとっては，クレヨンのような筆圧をかけずに使用できる筆記具は扱い

やすいが，鉛筆などの筆記具の取扱い
が難しい。

④幼児が認識したひらがなの字体を正し
く表出することが難しい（鏡文字など）。

写真 3-4 の 5 歳児の書字例にあるよう
に，この時期は文字を鏡に映したような鏡
文字が多くみられる。このように，「読む」
ことに比べて幼児が「書く」ことについて
は難易度が高いため，「一次的ことば」の
未発達な幼児期以前に，「読む」と「書く」
という別の技能を一括りにしてこれらの習

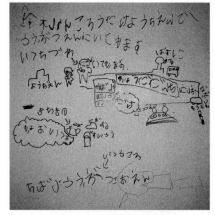

写真 3-4　5 歳児の書字例

得を目指すことには慎重になる必要がある。従来から就学前における読み書き教
育の早期化が起きている要因として，メディアとの接触の増加や，「文字を早く
読み書きできるようにしたい」という保護者の教育に対する姿勢の変化が指摘さ
れている。

　この学齢期への移行期は，「聞く」「話す」ことの音声言語に加えて，文字言語
を「読む」ことにより語彙を獲得することが重要である。また，学齢期における
「読む」ことの教育では，黙読に移行する前に十分な音読を行うことの重要性が
指摘されている。これは，黙読が，文字言語として視覚的に入力するだけである
のに対して，音読が文字を読むことに加えて，声に出して読むことにより，音声
言語としての入出力を備えた高度な活動であることによる（川島・安達，2004）。

　こうした「二次的ことば」の獲得は，まずは「一次的ことば」である音声言語
のやり取りを土台として，「読む」ことを重視することが重要である。その上で，
「書く」ことについては，子どもの興味・関心に基づき，伝えたいことなどを引
き出しながら丁寧に指導していくことが求められる。

引用・参考文献

石上浩美ほか編（2013）『保育と言葉』嵯峨野書院。
ヴィゴツキー，L. S./柴田義松訳（2001）『思考と言語 新訳版』新読書社。
岡本夏木（1982）『子どもとことば』岩波書店。
岡本夏木（1985）『ことばと発達』岩波書店。
岡本夏木（2005）『幼児期──子どもは世界をどうつかむか』岩波書店。
川島隆太・安達忠夫（2004）『脳と音読』講談社。
厚生労働省（2018）「保育所保育指針解説」。
酒井邦嘉（2002）『言語の脳科学』中央公論新社。
白井恭弘（2008）『外国語学習の科学』岩波書店。
田島信光ほか（2016）『新発達心理学ハンドブック』福村書店。
田中春美（1994）『入門ことばの科学』大修館書店。
泰野悦子編（2001）『ことばの発達入門』大修館書店。

針生悦子（2013）「概念と語彙」日本発達心理学会編『発達心理学事典』丸善出版。
ランド，ニック／若林茂則ほか訳（2006）『言語と思考』新曜社。

第4章　言葉の獲得を支える環境

　人間は，生まれてから数年の間に，たゆみない努力のもと，生活に必要な言葉を獲得していく。子どもたちが言葉を獲得していくために最も重要なことは，子どもを取り巻く生活環境である。日常の生活の場で，外界の事物や事象に直面し，あるいは身の周りの人間と場面や経験を共有しながら，多様な感情経験をし，コミュニケーションを交わし，言葉を獲得していく。その中で，自己の感情を表現したり，相手と通じ合おうとして言葉を探したりして言葉が豊かになっていく。

　子どもは1歳半ぐらいに「語彙の爆発的増加」期に入るといわれている。小学校入学前までには一日平均9語を獲得するという説もあるほど，子どもが言葉を増やしていくスピードは速い。

　本章では言葉の獲得を支える環境として，物との関わり，体験との関わり，人との関わり，メディア，文化財との関わりについて述べていく。

1 物との関わり

　乳児期は，泣く，笑う等表情を通して自分の存在を表していく。自分を守ってくれる人との関わりから，コミュニケートする楽しみを味わっているのである。そして特定の人との親密な交わりを通して言葉を獲得していく。また，一方で物に興味をもって関わっていくことも言葉の獲得には欠かせないものである。ハイハイができるようになると，自分の思うように行動ができ，興味のある物に向かっていく。なめたり，つかんだりして，物への関心が高まっていく。乳児は人の働きかけに応じて同じ反応をするので，同調行動による喜びが生まれ，模倣行為が活発になっていく。しかし，物は自分の思うようには反応しない。たとえばボールに触れた途端，転がって目の前から消えてしまったり，玩具を触ったら突然音がしたり，思わぬ反応に心を揺り動かされ，探索欲求を高めていく。いろいろな物に関わりながら人とは異なる関わりの世界にも興味をもち始めるのである。

> **【事例1 「ワンワンいるね」　9か月】**
> 　K児は毎日，母親と近くの公園に行くのが日課である。途中通る家には大きなゴー

ルデンレトリバーがいる。いつもその家の前を通るとき，母親は「ワンワンいるか
な」と声をかけて通っていた。今日もその家にさしかかったとき，K児が犬を指さし
た。母親は，すかさず「Kちゃん，ワンワンいるね」と声をかけ，犬の前をゆっくり
と通っていった。公園からの帰り道もその家に通りかかると，K児は犬を指さした。
母親は「ワンワンバイバイね」と言って通り過ぎていった。

　9か月頃から乳児は自分の要求を指をさし示す行為で表す。取ってほしいもの
等を見つけるとそれを指さしたり，自分の好きな物を見つけると「見たい」とい
う欲求を指さしで示している。
　公園に行くことは毎日の日課であったため，K児はいつもこの犬を見ていた。
母親は，毎回，通るたびに「ワンワンいるね」と物の名前を言語化している。こ
のような積み重ねにより，物と音声が結び付き，乳児は言語を獲得していくので
ある。

【事例2　「ブーブ，ブーブ」　1歳児】
　B児は母親と一緒に絵本を見ている。その絵本にはたくさんの車が描かれていた。
B児は白い車を指さし「ブーブ」と言った。母親は「白いブーブだね。お父さんの
ブーブと一緒だね」と答えた。B児はまた，白い車を指さし「ブーブ，ブーブ」と繰
り返した。「また，お父さんと一緒にブーブに乗っておでかけしようね」と母親は答
えた。

　B児は父親と車に乗って出かけることが大好きである。先の日曜日も出かけた
ばかりである。絵本の中の白い車を見つけ，父親と出かけたことを思い出したの
である。その気持ちに母親は共感している。そして，「ブーブ」という一語から，
B児が何を伝えたいのか想像し，「お父さんのブーブと一緒だね」「また，お父さ
んと一緒にブーブに乗っておでかけしようね」と母親は答えている。
　1歳頃になると，それまでの喃語から，その子どもなりに一貫した意味をもっ
て発せられる言葉に変わっていく。一語発話である。「ブーブ」という一語は文
法でいえば，名詞に分類されそうであるが，実際には「お父さんの車」「車でお
でかけしたい」というように文と同じ意味を表している。この時期の発語は一語
であっても，その意味を受け止め，理解していくことが大切である。B児は自分
の気持ちを受け止めてもらえた満足感を感じ，伝え合える喜びを味わっている。
このようなやり取りが，人との会話の楽しさや言葉の意味を獲得していくことに
つながっていく。

【事例3 「ドン，ドコ，ドン」音がするね 2歳児9月】

　保育室の真ん中に直方体の大型積み木が置いてあった。D児は，積み木を見つけると棒を持ってきて太鼓のように叩き出した。昨日，近所の祭りに行き，盆踊りの太鼓を見てきたところだった。その様子を見ていた保育者は「ドン，ドコ，ドン」とD児のリズムに合わせ掛け声をかけた。するとD児は両手を大きく上げ力いっぱい叩き続けている。C児がやって来て，近くで同じように積み木を叩き出した。「ドン，ドコ，ドン」と楽しそうに声を上げている。C児は祭りには行っていないが，D児の動きを見てまねている。すると，D児も大きな声を上げ「ドン，ドコ，ドン」と叩き出した。C児も負けずに「ドン，ドコ，ドン」と大きな声で叩き出した。二人は夢中で積み木を叩き，時折，顔を見合わせながら太鼓の競演を楽しんだ。

　D児は積み木を見つけ太鼓に見立てている。昨日の祭りが楽しかったのだろう。初めは無言であったが，保育者の掛け声で，「ドン，ドコ，ドン」と体も振りながらリズミカルに叩き出した。C児は祭りには行っていないが，D児の動きと太鼓の音と，保育者の掛け声に誘発されて遊び出したのである。「ドン，ドコ，ドン」という掛け声が二人の共通の言葉になり，楽しさを共有している。

　一つの物（積み木）から太鼓，祭りというイメージが誘発され，D児の動きとなった。保育者の「ドン，ドコ，ドン」という言葉がよりイメージを膨らませ，楽しさを引き出している。また，「ドン，ドコ，ドン」という言葉が二人にとって共通の言葉になり仲間意識も芽生えていった。

2 ｜ 体験との関わり

　子どもたちは日々生活している中で，心が揺さぶられる多くの体験に出会っていく。園庭の桜の花が一瞬の風で舞い散り，「きれい」「まって，まって」「つかまえた」と歓声を上げながら追いかける子どもたち，カマキリの卵から孵化したたくさんの赤ちゃんを見つけ，「すごい，行列だ」「小さい」「つぶれないかな」など興味深く飼育ケースをのぞき込む子どもたち，友達と砂山をつくりトンネルが完成した途端崩れ落ち「アー，壊れた」「残念，掘り過ぎた！」「もう一回つくろう」など，悔しさをにじませ再度挑戦する子どもたちの姿等，実感として心に染み入る体験が子どもの言葉に与える影響は大きい。

　子どもは，心揺さぶられる体験の中で，自己の気持ちや考えたことを自分の言葉で表現することで理解を深めたり納得をしたりしていくのである。

【事例4　子どものつぶやき（オノマトペ）】

「落ち葉を踏んだらサクサクしてた」

「風がヒューンヒューンと泣いてるね」

「アヒルがガアーガアーおしゃべりしてる」

「先生，明日遠足だね　ワクワクするね」

「暑かったから，水で顔を洗ったらスッキリした」

「どうしよう，皆の前で発表するのドキドキしちゃう」

「タケノコ　グングン伸びたね」

「ウサギがピョンピョン跳ねてるよ」

「こうやって，ゴシゴシこすったらピカピカになった」

　子どもたちは様々な環境に関わる中で，耳に聞こえてくる物音や，動物の鳴き声，人の感情や気持ち，見た目に感じられる風景の様子など，その音をそのまま模倣して表現することがある。これを総称して「オノマトペ」と呼ぶ。谷川俊太郎は「音楽教育におけるリズムを再考する」というインタビュー（2014）の中で，「オノマトペとか喃語的な言葉は，ほとんどナンセンスですね。だけどそれは言葉を習得する上でも，あるいは言葉の豊かなものの一部分としてとても大事だと思います。…（中略）…オノマトペ的なもの，あるいはナンセンスなものは，意味よりも事物の実体の肌触りみたいなものをそこで生んでくれる」と述べている。子どものつぶやきの中には，子どもたちが耳で聴き，目で見，匂いを嗅ぎ，触れることで感じるなど多様な感覚を生かし，言葉では言い尽くせない心の表現がちりばめられている。

【事例5　「オーちゃん，ごめんね」　2年保育5歳児9月】

　9月のある日，黄色グループのメンバー6人はカメのオータのタライの掃除をテラスで始めた。

N児：「オータ，お待たせ」と言ってオータをタライから出す。

担任：「オーちゃん，よかったね」と声をかける。

G児：「ゴシ，ゴシ，ゴシ」と言いながらブラシでタライを洗う。

F児：「もっとこすって」とG児に言う。「かわいいね」と言って，オータを見ている。

G児：「ゴシ。ゴシ，ゴシ」とリズムをとりながらこすっている。

N児：「オータの餌，取ってこよう」と餌箱を取りに行く。

G児：「もういいか，きれいになった」と言って水を流し，ホースで新しい水を入れる。

N児：「オータ，きれいになったよ」と言って，オータをタライに戻す。

担任：「きれいなお水でうれしいね」

G児：「いっぱい，水入れよう」と水道の蛇口をひねると水が勢いよく出てくる。

N児：「オーちゃんが，びっくりしている。流れちゃう」と言って水を止める。

G児：「まだ足りないよ」とまた水を出す。

N児：「オーちゃんの顔が出ないよ，息できないよ」と怒る。

G児：「大丈夫だよ，泳げるから」と言ってやっと水を止める。

　二人でタライを持ち，最初の位置に運ぶ。歩くたびにタライが揺れる。

N児：「オーちゃん，ごめんね。ゆっくり，ゆっくり」と言って運んでいく。

　保育者は「オーちゃん，よかったね」「きれいなお水でうれしいね」などオータの気持ちを想像し表現している。このような保育者の言葉かけによって，子どもたちはオータも自分たちと同じように感情をもつものとして捉えられるようになっていく。N児は必ず，「オータ」と名前を呼びながら行動をしている。オータは飼育動物ではあるが，友達のような存在となり，親しみの気持ちをもっている。また，G児が「いっぱい，水入れよう」と水道の蛇口をひねると，N児は「オーちゃんが，びっくりしている。流れちゃう」と言って水を止める。G児が「まだ足りないよ」とまた水を出すと，N児は「オーちゃんの顔が出ないよ，息できないよ」と怒る。このように，それぞれ自分と同化して考えて表現している。最後のN児の「オーちゃん，ごめんね。ゆっくり，ゆっくり」の言葉からは，生き物に大切に関わっている気持ちが現れている。

　保育者の言葉かけや行動が子どもの行動や心情に大きく影響していく。

【事例6　「モルちゃんが動かない！」　2年保育5歳児10月】

　「先生，大変，モルちゃんが動かない！」とE児が保育室に入ってきた。「朝は動いていたのに，今，お当番やりに行ったら動かないの」。あわてて，子どもたちと一緒にモルモットのモルちゃんを見に行った。ゲージの中で丸まり眠っているかのようであった。E児の声を聞いてたくさんの子どもたちがやってきた。「どうしたの，寝てるんだよ」「動かないよ」「モルちゃん，餌だよ」「先生，死んじゃったの」「えー，やだ」と泣き出すS児。保育者が「お医者様の所に連れて行こうね」と言ってモルちゃんをゲージから出し職員室に運んだ。

　次の日，「今日はみんなに大切なお話があります」と子どもたちに集まるように話した。いつもと違う雰囲気に子どもたちも状況を察したようである。

　「昨日突然，モルちゃんが動かなくなったので，お医者様に連れて行きました。でも，そのあとも動くことがなく，死んでしまいました」「えっ！　どうして」「朝は動いていたよ」「モルちゃんかわいそう…」「病気だったのかな」と子どもたちは保育者の言葉に驚きの気持ちを表していた。「モルちゃんもう，おばあちゃんだったんだって，長生きすることができたって。『みんな，上手に育てたね』とお医者様が褒めて

くれました。死んでしまったことは悲しいけれど，モルちゃんは長生きできてみんな
と一緒にいられてうれしかったと思うよ」と話をした。そして，みんなで，モルちゃ
んの亡骸にニンジンや園庭に咲いている花を添えてお別れをした。「お花もらってう
れしそうだね」「モルちゃん上向いて，みんなのこと見ているね」「さよならって言っ
てるよ」「私，絶対，忘れない」「大好きだったニンジン食べてね」と優しく声をかけ，
亡骸をさすりながらお花やニンジンを添えていた。「きっと，モルちゃんは，みんな
に，いつもお世話をしてくれてありがとうって言っているよ。みんなのこと大好き
だって。大切なことは，いつまでもみんなの心の中に忘れないでいることだよね」と
保育者が語りかけると，「いつまでも忘れない」「大好きだよ」「モルちゃんの絵を描
こう，お部屋に飾ろう」と口々に別れを惜しんでいた。

　朝まで元気だった"モルちゃん"の死は，子どもたちにとって衝撃的な出来事
だった。いつもとは違う状況に，子どもたちも何か大変なことが起こったという
ことを咄嗟に感じたことだろう。「えっ！　どうして」「モルちゃんかわいそう
…」「病気だったのかな」子どもたちは驚きを隠せない。「モルちゃんかわいそう
…」と心情を想い測る言葉，「朝は動いていたよ」と元気だった事実を表す言葉
等，それぞれの子どもたちが，予測していなかった"死"という事実を受け止め
ようとしている。
　保育者は「モルちゃんもう，おばあちゃんだったんだって，長生きすることが
できたって。『みんな，上手に育てたね』とお医者様が褒めてくれました。死ん
でしまったことは悲しいけれど，モルちゃんは長生きできてみんなと一緒にいら
れてうれしかったと思うよ」と，子どもたちが大切に育ててきたことを振り返れ
るように言葉かけをしている。"死"という事実とともに，今まで長く生きてき
た"生"についても気づかせる言葉をかけている。"死"は悲しい出来事である
が，生きていたときのことを心の中に思い出として残していくことが大切である
という思いが込められている。
　「お花もらってうれしそうだね」「モルちゃん上向いて，みんなのこと見ている
ね」「さよならって言ってるよ」「私，絶対，忘れない」「大好きだったニンジン
食べてね」の言葉の中には，"死"という悲しみから少しずつ気持ちが変化して
いることが理解できる。そして，"死"という現実を受け止め納得していくこと
ができたことにより「いつまでも忘れない」「大好きだよ」「モルちゃんの絵を描
こう，お部屋に飾ろう」と別れをすることができたのである。
　大切に育ててきた動物の死と向き合うことは，子どもたちの心を震わせ，心に
残る体験となった。保育者は生命の不思議さやむなしさ，生命を失う辛さ，悲し
さ等を子どもとともに感じ，真摯に受け止めていくことが重要である。子どもた

ちの言葉の中に一人ひとりの感情が現れている。

【事例7　高齢者施設への訪問　2年保育5歳児5，6月】

　H幼稚園では，年長児が5月から月1回，近くの高齢者施設を訪問している。この
クラスは今回初めての訪問である。子どもたちは高齢者とどんな遊びをしようかと考
えて折り紙を用意して行った。T児も風船の折り方を覚え，高齢者との関わりを楽し
みにしていた。クラス全員で歌を歌った後，それぞれのテーブルに分かれ，折り紙を
一緒にやることになった。T児もおばあさんの前に座り，用意していた折り紙を出し，
「こんにちは」と声をかけた。返事がなかったので，再度「こんにちは」と声をかけ
たが返事はなかった。T児はそのまま，折り紙で風船の折り方を説明した。すると，
おばあさんが手を出し，折り始めた。T児はうれしくなりおばあさんに「こんにちは，
ぼく，Tです」と話しかけるが，やはり反応がなかった。T児はやや不満そうな表情
でいた。

　幼稚園に戻り，クラスで高齢者施設訪問の感想を話し合った。子どもたちは「かわ
いいねと頭を撫でてくれてうれしかった」「折り紙を一緒に折って楽しかった」「おば
あさんとたくさん話したよ」「また来てねって，言ってくれた」と口々に今日の出来
事を発表した。T児は友達の発表をうつむいて聞いていた。気になって保育者が「T
くんはおばあさんと何をお話ししたの」と声をかけた。すると「何にも話していない，
ぼくの話，聞いてくれなかった，つまんなかった」と堰を切るように発言した。保育
者は「そうだったのね，どうしてだろうね」と全員に問いかけた。「声が聞こえな
かったんじゃないの」「Tくんの話し方が速かったからわからなかったんじゃない」
「声が小さかったかも」「私のおじいちゃんも話しかけても返事ないよ，だって，耳が
とおいから」。保育者は「そうなのね，Aちゃんのおじいさんは耳がとおいのね，も
しかしたら，そのおばあさんも聞こえなかったかもしれないね，今度はお隣に座って
お話ししてみたら」とT児に声をかけた。

　翌月も高齢者施設を訪問した。T児は折り紙で折った鶴を持ち，おばあさんを探し
た。見つけると駆け寄り，おばあさんの隣に座り不安そうな表情をしながら耳元で
「こんにちは」と声をかけると，首を振って微笑み返してくれた。T児はうれしくな
り「ぼく，Tです。こんにちは。今日は，鶴を折ってきたよ」と聞こえるように耳元
で話しかけた。すると「ありがとう」と返事が返ってきた。T児は笑顔になった。

　子どもたちは，高齢者と関わったときの気持ちをそれぞれ「かわいいねと頭を
撫でてくれてうれしかった」「折り紙を一緒に折って楽しかった」「おばあさんと
たくさん話したよ」「また来てねって，言ってくれた」と口々に語っている。し
かし，初めての高齢者訪問を楽しみにしていたT児にとって，自分の挨拶に答え
てくれなかったおばあさんの様子はとても悲しい出来事になり，自分の気持ちを
「ぼくの話，聞いてくれなかった，つまんなかった」と素直に表現している。子

どもたちは高齢者との関わりの中で様々な感情体験をし，その気持ちを言葉で表現している。保育者はＴ児の気持ちを受け止め，「そうだったのね，どうしてだろうね」とほかの子どもたちに問いかけている。これはＴ児の気持ちを受け止めると同時に，悲しい思いをしているＴ児がいることをクラスの子どもたちに伝え，解決策を導こうとしている。子どもたちは「声が聞こえなかったんじゃないの」「Ｔくんの話し方が速かったからわからなかったんじゃない」「声が小さかったかも」「私のおじいちゃんも話しかけても返事ないよ，だって，耳がとおいから」と自分たちの経験を通して，おばあさんからの返事がなかった理由を考え表現している。そして，保育者は「そうなのね，Ａちゃんのおじいさんは耳がとおいのね，もしかしたら，そのおばあさんも聞こえなかったかもしれないね，今度はお隣に座ってお話ししてみたら」とＴ児に声をかけた。この言葉は「おばあさんは何で答えてくれなかったのか，自分のことを受け入れてくれなかったのではないか」と思っていたＴ児の気持ちを前向きにさせた。6月の訪問では，おばあさんを見つけるとすぐに駆け寄り隣に行き，耳元で声をかけている。これは友達の意見を聞き，行動しているのである。

　　Ｔ児は悲しい気持ちを話すことにより，友達がそれについて考え応答している。そして友達の言葉により新たな行動を生み出し，Ｔ児にとってうれしい体験へと転換されていった。

【事例8　アリとダンゴムシ捕まえた　2年保育5歳児6月】

　　Ｍ児は園庭に出て地面を見ている。アリが歩いていると捕まえて，ペットボトルを持ってきてアリを入れている。その傍らではＹ児がダンゴムシを捕まえて手に取っている。Ｍ児もダンゴムシに興味をもち捕まえ，アリの入っているペットボトルにダンゴムシを入れる。そこに担任がやって来て，「Ｍちゃん，何捕まえたの」と聞くとＭ児は「アリとダンゴムシとアブラムシ」と答える。そばにいたＹ児が「ダンゴムシとアリを合体させちゃいけないんだよ，アリがダンゴムシを食べちゃう」と言うと，それを聞いて，Ｍ児は以前，保育者が読んでくれた本のことを思い出した。「Ｙちゃん，この前先生本読んでくれたよね」と言って，Ｍ児とＹ児は本を探しに，走って保育室に向かった。Ｙ児は本を見つけ，「Ｍちゃん，本見つけたよ，ほら，ダンゴムシ」と言って，急いでページをめくった。「あった！　ほらここ背中は固いからアリは食べられない，お腹は弱いから襲われたら大変，だから丸くなるって」と興奮気味にＭ児に伝えた。「一緒に入れるのは難しいんだ」「Ｍちゃん，ダンゴムシとアリ，ダメだって」と大きな声で叫んだ。二人は本を抱えすぐに園庭に戻り，Ｍ児はペットボトルをさかさまにして，ダンゴムシとアリを出そうとしていた。そこに保育者がやって来て「Ｍくん，どうしたの？　捕まえたのに出してしまうの？」と聞いた。Ｍ児は「先生，大変。早く別にしないとダンゴムシ食べられちゃう」「ほら，食べられないようにみ

んな丸くなっている」と保育者に伝えた。「本当だ，ダンゴムシ大丈夫かしら，よく気が付いたわね」と保育者が問いかけると，「先生，本だよ，本」と本のページを指さした。「ここに書いてあるよ，先生が読んでくれた思い出した」とY児が得意そうに興奮して言った。「本当だね，この前みんなと読んだね。ダンゴムシも出してもらえて喜んでいるね」と保育者が言うと，M児とY児はまた一生懸命ペットボトルからダンゴムシを出していた。

　M児は虫が大好きでいつも虫採りをしている。Y児はダンゴムシに夢中である。Y児とM児は別々に虫採りをしていたが，保育者の問いに答えたM児の「アリとダンゴムシとアブラムシ」の言葉に反応した。「ダンゴムシとアリを合体させちゃいけないんだよ，アリがダンゴムシを食べちゃう」と自分の知識を伝えている。その言葉により，M児は，以前保育者が読んでくれた絵本を思い出した。この情報を確かめようと本を探しに保育室に向かった。Y児は本を見つけ，「Mちゃん，本見つけたよ，ほら，ダンゴムシ」と言って急いでページをめくった。「あった！　ほらここ背中は固いからアリは食べられない，お腹は弱いから襲われたら大変，だから丸くなるって」と興奮気味にM児に伝えた。「一緒に入れるのは難しいんだ」と確かな知識として確信している。二人は本を抱えすぐに園庭に戻り，M児はペットボトルをさかさまにして，ダンゴムシとアリを出そうとしていた。この姿は，絵本から得た情報を実際の場面で実践しているのである。M児は「先生，大変。早く別にしないとダンゴムシ食べられちゃう」「ほら，食べられないようにみんな丸くなっている」の言葉からは，食べられないように丸くなっているダンゴムシを目の当たりにして，絵本から得た知識を実感として感じていることがうかがえる。文字情報が体験と結び付き，学びが深まったのである。

　子どもたちの言葉は，様々な生活体験が背景となっている。自然との関わり，人との関わり，物との関わり等，子どもたちは環境に主体的に関わることにより，言葉で思わず表現したくなるような，心を揺り動かす体験を積み重ねている。ただ，体験，経験すればよいのではなく，その経験したことが実感を伴った体験となることが重要である。さらに，子どもが主体的に活動に参加することによって伝えられた言葉は子どものものとなり，認識も深くなる。

　園生活の中で，直接的，具体的な体験を通し，実際に体を動かし，様々な感情を働かせ，周りにある物，こと，人を感じ取っていく体験が，内なる言葉として表現されるのである。保育者は体験と言葉を結び付けるよう心がけ，言葉を意識して大切に使うことが重要である。

3 ｜ 人との関わり

　人との関わりの始まりは，養育者や保育者と一対一で関わることである。じっくりと一対一で関わることで安心し，信頼関係を育み，安定した人間関係を築いていく。

> 幼稚園教育要領　第2章　ねらい及び内容　言葉
> 【1　ねらい】
> (1)　自分の気持ちを言葉で表現する楽しさを味わう。
> (2)　人の言葉や話などをよく聞き，自分の経験したことや考えたことを話し，伝え合う喜びを味わう。

　保育所，幼稚園，こども園は乳幼児にとって初めての集団生活の場である。
　園生活の初めは不安や戸惑いが大きい。園生活では，保育者との一対一の関係の中で信頼関係を築き，次第に安定して園生活を送れるようになる。そして信頼関係を築く中で，言葉は欠かせないものである。保育者は幼児の表情，動きから，幼児の心情を読み取り，言語化していく。幼児は保育者の言葉を聞くことで，自分の思いを再認識しながら，次第に安定して園生活を送れるようになる。
　次の事例は3年保育3歳児で幼稚園に入園してきたC児の事例である。
　C児は入園当初より，母親と離れるときに泣き出し，不安な様子で園生活を送っていた。言葉を発することはほとんどなかった。園生活では，「おはよう」の挨拶，名前を呼んでも「はい」と言うこともなく，友達と関わることもなかった。友達の様子をじっと目で追っていたり，B保育者の後を追ったり，不安そうな表情をしていた。

> 【事例9　「冷たくて気持ちいいね」　3歳児5月】
> 　C児は入園当初，母親と離れられずに登園後泣く日が数日続いていた。B保育者がC児に声をかけたところ，登園するとすぐにB保育者と一緒なら身支度を整えるようになった。
> 　幼稚園では全く言葉を発しないため，保護者に家庭での様子をうかがったところ，家庭では幼稚園のことなど，よく話をするとのことだった。
> 　B保育者が毎朝，園庭の草花に水やりをしていると，C児はB保育者のエプロンの端をしっかりとにぎりしめ，一緒に水やりを楽しむようになった。
> C児：片手はB保育者のエプロンをつかみ，もう一方の手はホースをにぎっている。
> B保育者：「Cちゃんもお花にお水あげる？」

C児：うれしそうにホースを強くつかみ直し，B保育者と一緒に水やりを行った。

　（片手はB保育者のエプロンを握ったまま。学級のほかの幼児は，思い思いの場で外遊びを楽しんでいる。）

　C児は晴れている日にはB保育者と花に水やりをすることが日課となった。1週間を過ぎた頃から，花に水をあげながら友達の遊んでいる様子をじっと見るようになった。

B保育者：「Cちゃん，先生砂場で遊びたいから一緒に行ってくれる？」

C児：「うん」

　B保育者とC児は一緒に砂場に行くが，じっと砂場の様子を見ているだけで，砂場には入ろうとはしない。

　気温の高い日があり，B保育者は，C児を砂場に誘った。

　C児の手に水をかけ，

B保育者：「冷たくて気持ちいいね」

C児：「もう一回」

B保育者：「いいよ。気持ちいいね。楽しいね」と，この日は手に水をかけて遊んだ。

　その後，C児はB保育者と一緒に砂場に行き，B保育者が裸足になると，同じように裸足になり，遊ぶようになった。6月後半から，プール遊びが始まったが，B保育者の姿がなくても，キャーキャーと声を出しながら，水遊びをするようになった。この頃から，気の合う友達ができて，友達と一緒に同じ場で同じことをするのを楽しむようになった。

　　3歳児のC児はB保育者と一緒に行動することで，少しずつ安定していった。B保育者はC児と丁寧に関わり，C児が動き出すまで見守っている。B保育者がC児の思いを代弁し，言葉で伝えることで，学級の幼児たちもC児の気持ちを汲み取り，同じ学級の一員としてC児の存在を感じ，同じ場で遊んでいる。幼稚園での生活に慣れ安定してくると，B保育者がそばにいなくても，B保育者の姿を確認しながら，だんだん遠くの場で遊べるようになった。「一緒に遊ぼう」「シャベル貸してあげる」など，自分の思いを言葉で伝えられるようになってきた。

【事例10　「スクーター大好き」　4歳児5月】

　年中組（4歳児）になり，クラス替えがあった。

　担任保育者，保育室，学級の友達などの環境が変わったことで，C児は不安が大きいようだった。

　新しい環境に慣れるまで，C児はB保育者を探したり，B保育者と行動をともにしたりするようになり，友達と関わる様子は見られなかった。

　5月の連休明け，年少組のときに同じ学級だったA児と保育室で電車ごっこをするようになった。このことがきっかけで，園庭に出て年少組のときに親しんでいたスクーターに乗り，大好きなヒーローになって遊ぶようになった。さらに，自分の気持

ちを言葉で友達に伝えながら遊ぶようにもなった。自分の思いが通らず，トラブルも増えてきたが，担任保育者が仲裁してくれることもあり，好きな遊びが続くようになった。

　C児は年中組に進級し，環境が変わったことで，活発に動き回る姿はしばらく見られなくなったが，新しい環境に慣れてくると，年少組のときに同じ学級だった数名と園庭でスクーターを使いヒーローごっこをしたり，虫取りをしたりして遊ぶようになった。年少組のときには聞かれなかったような大きな声で友達の名前を呼び合う様子が多く見られるようになった。自分の思いを言葉で伝えられるようになると，自分の思い通りにいかないこともあり，泣いて担任保育者に訴えることもあった。担任保育者がC児の思い，友達の思いを代弁してくれることで，友達にも思いのあることを知り，保育者に援助してもらいながら，同じ場で友達と一緒に遊ぶ楽しさを味わえるようになった。

【事例11　「恐竜になろう・恐竜をつくろう」　5歳児】
　　C児は年長組（5歳児）に進級して，環境が変わり戸惑う姿はあったが，以前のような不安な様子は見られなかった。
　　絵を描くことが好きな男児とロッカーが隣同士になったことから，恐竜の本を見ながら，恐竜の話をする姿が連日見られるようになった。ロッカーの前に座り込み，頭を突き合わせ，小さな声で二人の世界の中で楽しんでいるようだ。C児は，年少組から年中組までの2年間，絵を描くことを苦手とし，全く描こうとしなかった。しかし，恐竜好きのY児の刺激を受け，二人で恐竜の絵を描いては，泣き声や動きを想像し，ときには恐竜になりきり，遊具の上で吠えていることもある。しばらくすると，絵だけではなく，画用紙を使い立体的な恐竜をつくるようになった。C児は学級の中ではあまり目立つ存在ではなかったが，恐竜のつくり方を友達に教えることで，自信がつき，学級の中での存在が大きくなった。行事のときには司会や進行役を自ら行うようになった。ときには自分の思いが通らず，涙を流していることもあるが，すぐに立ち直り，新たにアイデアを出すなど，言葉でのやり取りが増え，友達との関係が深まっていった。

　　C児は年長組（5歳児）に進級し，ロッカーが隣同士になった恐竜好きのY児に興味を示し，C児も恐竜に関心をもつようになった。Y児は穏やかな性格でC児に恐竜の絵本を楽しそうに見せてくれたことで，C児はY児と恐竜という同じイメージの中で遊びを進めていく楽しさを味わっている。Y児がC児の思いを十分受け止めてくれる存在だったことから，安心して思いを言葉で伝え，さらにY児の思いも十分に受け止めながら，恐竜を中心とした遊びが深まるようになった。

C児にとってY児の存在は大きく，Y児がいることで安定し，自分の力を発揮しいろいろなことにも挑戦するようになった。ときにはC児は自分の思いを強く通そうとし，友達を受け入れられず，トラブルになることもあったが，自分たちで何とか解決しようとする姿も見られた。C児にとって，B保育者の存在，Y児の存在は大きい。幼稚園に入園してからの3年間，不安な思いを保育者が受け止め，思いを言葉で代弁してくれたこと，Y児がC児の言葉からC児の思いを受け止め，一緒に遊ぶことで遊びが深まった。さらに二人の遊びが友達に広がり，学級全体の遊びになったことで自信がつき，言葉での伝え合いが十分にできるようになったことで，友達とのつながりが深まった。豊かな環境は言葉を育む大切な要素であり，言葉を育む環境は，人とのつながりの大きな要因の一つである。

4 メディア，文化財との関わり

　子どもの言葉の獲得を支える環境の中には，メディアや絵本や紙芝居，人形劇などの文化財との豊かな出会いは欠かせない。また，文化財は，時代や地域など，その社会的，文化的背景に影響を受けるものでもある。そこには，家庭という場も含まれている。

　前述したように，言葉は，対象となる人や物との関係の中で育っていく。つまり，メディアや文化財は，一つの「対象となる物」であり，そこで，体験したことを「伝え合う人」の存在が必要になってくることはいうまでもない。このことから，メディアや文化財で得る体験は間接的なものであることをふまえ活用していく必要がある。

　幼児教育の基本は，環境を通して行われるものであり，そのことは，直接的な体験（経験）をすることによって，興味・関心をもち，心を動かし，次への意欲へとつながっていくことの連続である。しかし，一方で，次の活動のきっかけとなるアイデアを得たりするなど，直接的に経験できないことや新たな概念や言葉を獲得するという意味では，メディアや文化財の活用は重要な要素となる。

　「伝え合う人」の存在が，メディア，文化財との関わりをどう支援していくのか整理するとともに，子どもにとってどのような活用の仕方が望ましいのかを検討する。

❶ テレビ等の映像

　現在，子どもを取り巻く映像は多様になり，また，スマートフォン等電子機器の発達により，より手軽に身近に見ることができるものになった。映像視聴は，基本的には受動的な行為であり，一方向の情報となる。しかし，その反面，情報

の共有という意味では，優れたメディアである。たとえば，行事のときなどに友達と大きな画面で見る映像は，子どもにとって格別なものであり，また心に残る経験であることだろう。

　映像は，既存のものはもちろんだが，実際に自分たちが映っているものを見ることもできる。映像を見た後に，「面白かったね」「悲しかったね」などの感想を伝え合えることも，子どもの心に印象として残ることだろう。ときには，「あそこの場面が…」など詳細を思い出し，語るきっかけとなりうる。

　そのような意味では，映像は子どもの内言を引き出し，他者とコミュニケーションをとることを通して，思考が深まるきっかけをもつ。そして，そのことをきっかけに想像力が広がり，次の遊びへのアイデアへとつながっていく。

　また，動画だけでなく，スライドショーや OHP[(1)] などの活用も考えられる。映してみたり，拡大してみることにより，その美しさを感じたり，詳細を観察することを通して，その対象への関心が広がり，そこで生まれる探究心が，そこでの楽しさやワクワク感を伝え合うことへの駆動力となるであろう。

　一方で，身近なメディアであるため，家庭と連携をしていく必要もある。心配もあるが，現代社会では，子どもの文化の中には多分にマスメディアの影響がみられ，子ども文化が異質性を許容しながら創造されるというよりも，同質性に収れんされていく傾向をもつともいえる（内藤，2016，168頁）。たとえば，ある番組を見ることを通してのなりきり遊びなどの広がりがある。場合によっては，番組を見ることによる役や身振りがあると考えられる。このように，メディアを共有して遊びが成立する場合があることを，頭の隅に置いておかねばならない。

　では，情報が多く入ってくるからといって，テレビを見せておけばよいのか，という疑問や保護者からの質問もあるであろう。2019年4月に世界保健機関（WHO）は，5歳未満児が画面（テレビ，ゲーム等）を見る時間は一日1時間未満にとどめるべきだとする指針を公表している（WHO，2019）。世界的に幼少期の肥満が増え，体を動かす時間を増やした方がよいという指摘である。直接的に言語活動には触れてはいないが，全体的に考えれば，過度な視聴は望ましくないであろう。

　サスキンド（Suskind, D）は著書の中で，言葉の基本は，人間を他の人間と結び付けることであり，赤ちゃんの脳はこの進化の産物であり，言葉を受け身で学ぶわけでなく，社会的な応答と相互のやり取りが，言葉を学ぶことと，学ぶこと全体の鍵である（サスキンド，2018，70頁）と語り，乳児期の脳の働きと言葉の獲得について言及している。ここでは録音と生の声との語りかけによる違いを示すある実験が紹介されている。録音での語りかけでは，赤ちゃんは何も覚えていなかったということである。

　このような結果からも，私たちは，子どもの語彙や言葉を増やすために，映像などのメディアに頼りすぎることなく，子どもとともに視聴し，応答したり，対話できる環境を整えることが必要だといえる。また，ときには保護者からの相談にのり，家庭と連携しながら適切に関わっていく必要があるだろう。

❷　絵　本

　絵本は，保育環境の中では，非常によく使われる文化財である。絵や文字が，場面やストーリーを説明するため，子どもにも理解しやすく，好まれる文化財である。

　保育の中では，活動と活動の間の短い時間に活用することも多いが，みんなで読むことや，活動の導入として使うだけでなく，絵本をゆっくりと味わう時間も必要である。友達と大勢で見るよりも，少人数や一対一でゆっくりと，読み手とともにお話を味わうことが特徴である。一人ひとりの好みを反映しやすい。

　年長頃になると，自分で手に取り読むこともある。自分のペースで読み，味わうことも可能である。何度も読むうちに内容を覚えてしまったり，書いてある文字に興味をもち，いつのまにか読めるようになっていたりする。

　絵本選びは，季節を意識して，子どもの興味・関心に合うようなものを選ぶとよい。また，すぐ手に取れるところにあることに配慮が必要となる。大きさや色使いなど様々なものがあるが，保育者もしっかりと手に取り選ぶとよい。

❸　紙芝居

　紙芝居は，立ち絵と呼ばれるものから変化した平絵として，現在の形となった。一対一で見るよりも，小集団で観るのに適している。

　芝居という名前がついているだけあり，紙で芝居を観せるという意味が強い。紙はめくらずに，抜く。通常は右に抜くため，画面は左から右に流れていく。[3]「抜き」のタイミングにより，1枚の中に，違う2場面が存在するなど，ストーリーに動きが出やすい。観客である子どもは，友達と同じ空間で，その場を共有することで，表出した感情や言葉を共有する。ストーリーによっては，観客と演じ手が応答的に話を進めることができるのが特徴であり，より一体感をもって観ることのできる文化財である。

❹　人形劇

　指だけを使う指人形から，舞台装置のある大きなものまで多様な形をもつ。基本的には立体である。人形の動きが多様であるため，視覚的に入る情報は比較的多い。そのため，子どもの気持ちが物語の中に入っていきやすく，子どもたちの

想像力を助ける。

　大きな動きや，大きな音も登場する立体で入る情報は，空間的な存在感も感じるため，その動きに呼応するように，観客は感情表出しやすい。子どもの言葉の前の言葉を演じ手（保育者）は，丁寧に受け止めていく必要がある。

❺　ペープサート

　立ち絵から派生した紙人形劇（paper puppet theater）である。登場人物や背景が独立してつくられており，登場人物に動きが出やすい。また，紙と棒でできているので，簡易につくれるところも特徴である。表と裏を利用して作製すると，物語にも幅が出やすい。

　子どもたちにやって観せることはもちろんだが，子どもがつくり，簡単に演じることもできる。模倣するところから始まり，役になりきって演じることもできる。少ない登場人物でもお話が始められ，操作が簡単なので子どもも気軽に参加できることが特徴である。

❻　パネルシアター

　不織布を利用して，パネルボードや絵人形をつくり，不織布の特徴を生かし，絵人形を貼ったり，はがしたりを繰り返しながら，お話を展開していく。パネルボードの大きさは様々だが，大きなものでは，多くの観客とともにシアターを楽しむことができる。絵人形は，おもにポスターカラーやペンなどで色を付ける。紙よりも丈夫なため，何度も繰り返し演じることができる。また，布なので，動きをもたせたい部分を糸でつなぐことができる。たとえば，体と手足や動物の耳やしっぽなどを動くようにつくれば，子どものイメージを助ける。

　歌にのせて，タイミングを計り，絵人形を登場させたりできるのでストーリーも追いやすい特徴がある。

　以上のように，代表的な文化財の特徴について述べた。これらの文化財は，主に"観る"ことを通して，言語活動を促す。様々な文化財を活用し，鑑賞することや，自分で演じてみることを通して，表象や象徴機能が働き，心の中にもったイメージを言葉などで表現していくことを助ける。

　これら文化財は，ただ観るだけでなく，演じ手になることも予想できるような援助が大切になってくる。

　そのほかに「素話」と「写真による記録」について触れておきたい。

❼　素　話

　「語る」ことは，視覚的情報をあまり与えずに，お話を聞く行為のみで行われる。語り手の言語的・非言語的の両方の表現を通して，お話の世界に入っていく。そして，そのイメージをそれぞれの心の中に映していく。語り手である保育者は，表現豊かに子どもを語りの中にいざなう。ただ，上手に語るだけでなく身近な人の声で，生で語られることに意味があり，そのときによってのわずかな変化も，子どもにとっては楽しみである。ときに言葉の意味理解を超えたところに面白さがある。このような体験も言葉を語り継ぐという文化的側面にとって重要な要素である。

❽　写真による記録

　写真による保育記録は，ドキュメンテーション[(5)]やポートフォリオ[(6)]などと呼ばれ，子どもの育ちの記録として活用することがある。子どもにとって，文化財とはいい切れないが，保育や子どもの育ちを保護者と共有する手段であったり，保育を振り返る（評価）手段であったりする。子どもの目の届くところに提示することにより，当事者としての子どもと場や事象を共有する手立てとなる。つまり，写真を使うことにより，対話が生まれるのである。

　保護者もともに観ることにより，園以外でも対話のきっかけをもつことができる。子どもは，自分の経験したことや感じたことを写真を手がかりとして，心（記憶）の中から感じたことや考えたことを言葉として引き出し，伝えようとする。また，周囲の大人は，写真を介して表現したいことのイメージを共有しやすく，受け止めやすい。

　このように，写真による保育記録なども子どもとのやり取りを生み，自分の感じたことや考えたことを言葉として表す道具としての特徴ももつのではないかと考えられる。

注
(1)　オーバーヘッドプロジェクター（Over Head Projector）の略。光源を利用し，フィルムの内容をスクリーンに拡大し映し出す道具。
(2)　著書『3000万語の格差』（2018）では，三つのT（Tune in Talk more Take turns）と子どもへの話しかけ方を具体的に提案した。
(3)　演者にとっては，左から右だが，見ている側（ここでは子ども）は右から左に流れていく。
(4)　非言語的表現とは，表情，身振り，手振り，声のトーンや間などの言葉に頼らない表現方法を指す。
(5)　ドキュメンテーションとは，活動の記録の過程を可視化し，保育者，保護者や地域，子ども自身と保育を共有する手立てとなる写真を使った記録である。保育のドキュメンテーションは，北イタリアのレッジョ・エミリア市の保育から広がった。
(6)　教育・保育でのポートフォリオとは，子どもの育ちの記録の積み重ねの蓄積をいう。学びの軌跡を可視化する手立ての一つである。

引用・参考文献

第1・2節

今井和子（2013）『子どもとことばの世界』ミネルヴァ書房。

ヴィゴツキー，L. S.／柴田義松訳（1962）『思考と言語　上・下』明治図書出版。

高杉自子・戸田雅美（2003）『言葉』東京書籍。

谷川俊太郎インタビュー（2014）「音楽教育におけるリズムを再考する」『音楽教育実践ジャーナル』
　　第12巻第1号，6〜25頁。

福沢周亮監修（2018）『保育内容・言葉』教育出版。

無藤隆監修（2018）『領域　言葉』萌文書林。

第3節

秋田喜代美・野口隆子（2018）『保育内容　言葉』光生館。

柴崎正行・戸田雅美・秋田喜代美編（2010）『保育内容「言葉」』ミネルヴァ書房。

宮里暁美ほか（2018）『領域　言葉』萌文書林。

文部科学省（2018）「幼稚園教育要領解説」。

谷田貝公昭監修／大沢裕編（2018）『言葉』一藝社。

第4節

阿部明子・小川清実・戸田雅美編（1997）『保育内容　言葉の探究』相川書房。

板場良久・池田理知子編（2011）『よくわかるコミュニケーション学』ミネルヴァ書房。

岩立志津夫・小椋たみ子編（2017）『よくわかる言語発達（改訂新版）』ミネルヴァ書房。

岡本夏木（1982）『子どもとことば』岩波書店。

岡本夏木（2005）『幼児期──子どもは世界をどうつかむか』岩波書店。

厚生労働省（2018）「保育所保育指針解説」。

サスキンド，ダナ／掛札逸美訳（2018）『3000万語の格差──赤ちゃんの脳を作る，親と保育者の話
　　しかけ』明石書店。

塩美佐枝・藪中征代・古川寿子・古川由紀子・川並珠緒・東川則子（2018）『言葉の発達を支える保
　　育』聖徳大学出版会。

新保育士養成講座編纂委員会編（2011）『保育実習』（新保育士養成講座　第9巻）全国社会福祉協議
　　会。

内藤知美（2016）「子どもを取り巻く文化」日本保育学会編『保育のいとなみ──子ども理解と内
　　容・方法』（保育学講座3）東京大学出版会。

無藤隆・高杉自子編（1990）『保育講座　保育内容　言葉』ミネルヴァ書房。

無藤隆ほか（2004）『よくわかる発達心理学』ミネルヴァ書房。

無藤隆（2009）『幼児教育の原則──保育内容を徹底的に考える』ミネルヴァ書房。

やまだようこ（2010）『ことばの前のことば──うたうコミュニケーション』新曜社。

WHO（2019）"To grow up healthy, children need to sit less and play more"（https://www.who.int/
　　news-room/detail/24-04-2019-to-grow-up-healthy-children-need-to-sit-less-and-play-more　2019年8
　　月11日アクセス）。

第5章 保育内容としての領域「言葉」の理解

1 | 3歳未満児の「言葉」の獲得

❶ 言葉の始まり

　　人間は，社会の中で生き，人との関わりの中で発達していく。そのため，他者と相互に関わる中で，伝えるための道具として言葉が発達したと考えられる。

　　人が行う初期の伝達に乳児の泣きがある。まだ情動は未分化であるが，最も早期にみられるのは，不快を表す泣き（crying）といわれている。乳児の泣きには，特別な意図が含まれているわけではないが，養育者はすぐに反応して応じる。このように「伝達」とは，ただ，一方的に発信するだけではなく，やり取りをする中で思いを一体とする，つまりコミュニケーション（communication）をとるということも含んでいる。

　　人と人とのコミュニケーションとは，互いの間に「共通のもの」をつくり出すいとなみである。そのために，人と人は出会い，語り合い，情報，感情，思想，態度などを伝達し合う。言語発生の基礎という観点からは，人との交流のために物との関係で得た知識や技能が利用されているという意味での対人関係と対物関係の結合が大切である。つまり，誰（人）かに何（物）かを伝える関係をつくることである（やまだ，2010）。

　　大人との関係の中で，物に注目することを介したやり取りが生じることが，相手との意思疎通を図る（相手の意思を読み取ろうする）場となり，そのことが，言葉を広げていくきっかけとなるであろう。

❷ 保育内容とは

　　保育内容とは，おもに教育に関わる側面からの視点で，各時期に保育が何を意図して行われるかを明確にしたものである。それは，子どもの生活を通して発達していく姿を通して，保育所や幼稚園などにおいて育みたい資質・能力を子どもの生活する姿から捉えたものを「ねらい」とし，それを達成するために保育者が子どもの発達の実情をふまえながら援助し，子どもが自ら環境に関わり身に付け

ていくことが望まれるものを「内容」としている。

　2017（平成29）年の保育所保育指針・幼稚園教育要領等の改定（改訂）におい
て，保育所・幼稚園および幼保連携型認定こども園での保育内容では，「健康・
人間関係・環境・言葉・表現」の各領域における「ねらい」「内容」「内容の取扱
い」の構成を幼児教育の一翼を担う施設として共通化が図られた。

❸　3歳未満児の保育内容

　2017（平成29）年改定，2018（平成30）年施行の保育所保育指針では，改めて乳
児から2歳児までが心身の発達の基盤が形成される上で重要な時期であることを
示し，生涯の学びの出発点である「学びの芽生え」の時期としての保育の意義を
より明確にし，保育内容について一層の充実を図った（厚生労働省，2018）。

　また，保育所は，発達の著しい乳幼児が長期にわたって在籍することをふまえ，
乳児・1歳以上3歳未満児・3歳以上児と分けて内容を示した。

　とくに乳児期（ここでは1歳児未満を指す）は，発達が未分化であるため，
　　身体的発達に関する視点「健やかに伸び伸びと育つ」
　　社会的発達に関する視点「身近な人と気持ちが通じ合う」
　　精神的発達に関する視点「身近なものと関わり感性が育つ」
の三つの視点から内容を整理して示した。

　1歳以上3歳未満児については，乳児保育の内容「三つの視点」と3歳以上児
の保育内容における五つの領域と連続することを意識し，
　　「健康」「人間関係」「環境」「言葉」「表現」
の五つの領域で保育内容を示した。

　この時期は，とくに著しい発達がみられるため，発達の個人差があり，家庭環
境やこれまでの経験の影響も受けやすい。また，活動では，大人との関係から子
ども同士の関係に次第に移っていく。それらのこともふまえ，養護と教育の一体
性を強く意識し，一人ひとりに応じた保育が必要となる。

　図5-1で示すように，心身の健康が土台となり，物との関わりの中で感性が
育ったり，人との関わりの中で気持ちが通じ合い，次第に言葉が豊かになる様子
が理解できる。

❹　乳児保育に関わるねらい及び内容

　次にこれらの育ちの様子をふまえ，乳児の保育内容から，とくに社会的発達に
関する視点「身近な人と気持ちが通じ合う」を取り上げ，言葉の獲得について整
理していく。

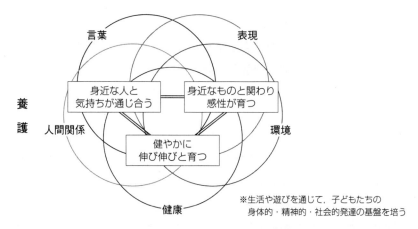

○乳児保育については，生活や遊びが充実することを通して，子どもたちの身体的・精神的・社会的発達の基盤を培うという基本的な考え方を踏まえ，乳児を主体に，「身近な人と気持ちが通じ合う」「身近なものと関わり感性が育つ」「健やかに伸び伸びと育つ」という視点から，保育の内容等を記載。保育現場で取り組みやすいものとなるよう整理・充実。

○「身近な人と気持ちが通じ合う」という視点からは，主に現行指針の「言葉」「人間関係」の領域で示している保育内容との連続性を意識しながら，保育のねらい・内容等について整理・記載。乳児からの働きかけを周囲の大人が受容し，応答的に関与する環境の重要性を踏まえ記載。

○「身近なものと関わり感性が育つ」という視点からは，主に現行指針の「表現」「環境」の領域で示している保育内容との連続性を意識しながら，保育のねらい・内容等について整理・記載。乳児が好奇心を持つような環境構成を意識して記載。

図5-1　0歳児の保育内容の記載のイメージ

出典：厚生労働省社会保障審議会児童部会保育専門委員会（第10回）（https://www.mhlw.go.jp/file/05-Shingikai-12601000-Seisakutoukatsukan-Sanjikanshitsu_ Shakaihoshoutantou/04_1. pdf 2019年8月20日アクセス）。

第2章　保育の内容　1　(2) ねらい及び内容

イ　身近な人と気持ちが通じ合う

　　受容的・応答的な関わりの下で，何かを伝えようとする意欲や身近な大人との信頼関係を育て，人と関わる力の基盤を培う。

　㋐　ねらい

　　①　安心できる関係の下で，身近な人と共に過ごす喜びを感じる。

　　②　体の動きや表情，発声等により，保育士等と気持ちを通わせようとする。

　　③　身近な人と親しみ，関わりを深め，愛情や信頼感が芽生える。

　㋑　内　容

　　①　子どもからの働きかけを踏まえた，応答的な触れ合いや言葉がけによって，欲求が満たされ，安定感をもって過ごす。

　　②　体の動きや表情，発声，喃語（なん）等を優しく受け止めてもらい，保育士等とのやり取りを楽しむ。

　　③　生活や遊びの中で，自分の身近な人の存在に気付き，親しみの気持

ちを表す。
　④　保育士等による語りかけや歌いかけ，発声や喃語等への応答を通じ
　　て，言葉の理解や発語の意欲が育つ。
　⑤　温かく，受容的な関わりを通じて，自分を肯定する気持ちが芽生え
　　る。

　ここでは，「身近な人と気持ちが通じ合う」について取り上げたが，3つの視
点は，ともに絡み合い育まれていく。

　この時期の保育は，養護の側面を大事にしながら，教育の側面としての「健や
かに伸び伸びと育つ」「身近な人と気持ちが通じ合う」「身近なものと関わり感性
が育つ」という視点をもちながら，養護および教育の一体性を強く意識して行わ
れることが重要である。

⑤　乳児の言葉の獲得と保育者の役割

　乳児の育ちと言葉の獲得について「保育所保育指針解説」（厚生労働省，2018）
を参照しながら説明する。生後早い時期から，周囲の人や物をじっと見つめたり，
声や音がする方に顔を向けたりするなど，感覚を通して外界を認知し始める。聞
くという機能が働いているのである。生後4か月頃には首がすわり，その後，寝
返りがうてるようになり，さらに座る，はう，つたい歩きをするなど自分の意思
で体を動かし，移動したり，身近なものに興味をもって関わる。探索活動が活発
になる時期である。座位が安定し，液体以外のものを口にする機能が整い，離乳
食が開始する。このことで，口，唇，舌の動きが多様になり，さらに口腔機能が
発達する。口の動きが多様になることにより，様々な音声（喃語）を発し始める。

　人と関わる中では，表情や体の動き，泣き，喃語で，自分の欲求を表現し伝え
ようとするのである。また，6か月頃には身近な人の顔がわかり，あやしてもら
うと喜ぶなど，愛情を込めて受容的に関わる大人とのやり取りを楽しむというよ
うな，感じる体験も多くなる。そのようなやり取りの中で愛着関係が強まってい
く。一方で見知らぬ相手に人見知りをするようになる。

　このように言葉を発するための準備が整い，9か月頃になると身近な大人に自
分の意思や欲求を指さしや身振りで伝えようとするなど，言葉によるコミュニ
ケーションの芽生えがみられるようになる。周囲の応答的な関わりの中で，徐々
に自分に向けられた気持ちや簡単な言葉がわかるようになるのである。

　保育者は，このような子どもの育ちに対して，愛情豊かに，応答的に保育をす
ることが必要になってくる。

　たとえば，「内容の取扱い」では，「①　保育士等との信頼関係に支えられて生

活を確立していくことが人と関わる基盤となることを考慮して，子どもの多様な感情を受け止め，温かく受容的・応答的に関わり，一人一人に応じた適切な援助を行うようにすること」と示されている。

　保育者は，子どもが泣いていると，「泣きやませなければならない」と考えてしまいがちだが，泣かずにはいられない子どもの思いを汲み取り，受け止めて，適切に応えていくことが大切である。

> 【事例1　「気持ちよくなったね」　5か月】
> 　S児（5か月）が泣き始めた。保育者は，泣いているS児のそばに行き，「どうしたの」と顔をのぞいて問いかけ，状況を確認した。おむつが濡れているようだと気が付く。「おむつが濡れてしまったのね」「気持ち悪かったね」「替えようね」と応じ，着替えを行う。着替え後には，「気持ちよくなったね」とやさしく語りかけている。

　子どもが泣いている様子を見て，無言で応じるのではなく，優しく問いかけながら，子どもの発している気持ちを汲み取り，受け止めることが大切である。また，その状況を「気持ち悪かったね」と代弁し，共感することで子どもは自分自身の気持ちに気づいていく。また，その後，「替えようね」などと，保育者の行為を言葉にすることで，安心し，身を任せるようになっていくのである。

　「気持ち悪かったね」「気持ちよくなったね」など感情を言葉にすることや，「替えようね」などと行動を言葉で示し，やさしく語りかけることで，子どもは，自分の気持ちを受け止められ安心して過ごすことを経験し，保育者との信頼関係が築かれていく。

　そのことが他者に何かを伝えようとする意欲を育て，人と関わる基盤を培う。つまり，動きや表情，発声などで気持ちを通わせようとし，言葉の芽生えにつながっていくのである。

　また，二つ目の「内容の取扱い」として，「②　身近な人に親しみをもって接し，自分の感情などを表し，それに相手が応答する言葉を聞くことを通して，次第に言葉が獲得されていくことを考慮して，楽しい雰囲気の中での保育士等との関わり合いを大切にし，ゆっくりと優しく話しかけるなど，積極的に言葉のやり取りを楽しむことができるようにすること」とある。

　事例1のようなやり取りを通して，人とのやり取りの心地よさや伝えようとする意欲が育まれながら，9か月を過ぎる頃になると，子どもは，身近な大人が見ているものを一緒に見たり，自分の持っているものを見せたり，興味があるものを指さしたりするようになる。

　保育者が，子どもの喃語や指さしなどで表現した気持ちを受け止め，共感し，

言葉に置き換え伝えていくことが，子どもの言葉を育て，人とやり取りすることの喜びと意欲を育むことにつながっていく。

> **【事例2 「白くて大きいね」 11か月】**
> 　散歩に行くと，犬に出会う。Y児（11か月）が指さしながら，しきりに声を出している。保育者は，やさしく「ワンワンがいたね」「白くて大きいね」「しっぽをフリフリしているね」などとその状況を言葉にしている。ユウちゃんは，指さしながら，犬と保育者の顔を交互に見て，「ワンワン」と言おうとしている。園に戻り，昼食や午睡をすませたあとの時間に保育者の膝に座り，絵本を見ていると犬が出てくる。ユウちゃんは，絵本の犬を見つけて指さしをしている。保育者は「ワンワンいたね」「しっぽフリフリしているかな」などとやさしく語りかけている。

　事例2のような場面で保育者が「ワンワンがいたね」など，子どもが指さす対象を言葉に換えて応えていくことで，目の前の「犬」と「ワンワン」という音声が結び付いて，物には名前があることがわかり，それが言葉を獲得していくことにつながる。

　また，絵本を読んでいる場面では，子どもが指さし伝えたい気持ちを受けとめながら，保育者が「ワンワンいたね」「しっぽフリフリしているかな」と実際の体験と絵本をつなぐ言葉をかけている。このような絵本と言葉，そして実際の体験を重ね合わせる保育者の援助は，子どもの言葉の獲得を促すとともに，子ども自身が言葉を獲得していくことを喜びとする感覚を育んでいくことになる。

　様々な出来事にともに関心をもったり，喜んだりする中で語りかける一つひとつの言葉が，物や現象を表す言葉を広げていくことにつながっていく。保育者は子どもとともに見たり，感じたりする心をもちながら，丁寧に言葉をかけることが大切になる。

⑥　1歳以上3歳未満児の保育に関わるねらい及び内容

　ここでは，保育所保育指針における1歳以上3歳未満児の保育に関わるねらい及び内容から言葉の獲得に関する領域「言葉」について示す。

> 第2章　保育の内容　2　(2) ねらい及び内容
> エ　言　葉
> 　　経験したことや考えたことなどを自分なりの言葉で表現し，相手の話す言葉を聞こうとする意欲や態度を育て，言葉に対する感覚や言葉で表現する力を養う。
> 　(ア)　ねらい

　　① 言葉遊びや言葉で表現する楽しさを感じる。

　　② 人の言葉や話などを聞き，自分でも思ったことを伝えようとする。

　　③ 絵本や物語等に親しむとともに，言葉のやり取りを通じて身近な人と気持ちを通わせる。

　(イ)　内　容

　　① 保育士等の応答的な関わりや話しかけにより，自ら言葉を使おうとする。

　　② 生活に必要な簡単な言葉に気付き，聞き分ける。

　　③ 親しみをもって日常の挨拶に応じる。

　　④ 絵本や紙芝居を楽しみ，簡単な言葉を繰り返したり，模倣をしたりして遊ぶ。

　　⑤ 保育士等とごっこ遊びをする中で，言葉のやり取りを楽しむ。

　　⑥ 保育士等を仲立ちとして，生活や遊びの中で友達との言葉のやり取りを楽しむ。

　　⑦ 保育士等や友達の言葉や話に興味や関心をもって，聞いたり，話したりする。

❼　1歳以上3歳未満児の言葉の獲得と保育者の役割

　1歳以上3歳未満児の育ちと言葉の獲得について「保育所保育指針解説」（厚生労働省，2018）を参照しながら説明する。1歳頃になると歩き始め，その後，走る，階段を上がる，両足で跳ぶなど，徐々に基本的な運動機能が発達し，自分の体を思うように動かすことができるようになってくる。また，つまむ，めくるなどの指先の機能も発達する。生活習慣においても，手を使ってできることが増え，身の回りのことを自分でやろうとする意欲が芽生えてくる。

　言葉の発達においては，言葉の理解が進み，自分の意思を伝えたいという欲求も高まる。指さし，身振り，片言などを盛んに使い，やり取りすることを通して，自分でしたいことを言葉で表出できるようになる。また，玩具などを実物に見立てるなどの象徴機能が発達し，言葉を交わす喜びを感じながら，大人と一緒にごっこ遊びを楽しむようになる。このような中で語彙が増加する（2歳でおおよそ200〜300語）。

　また，自我が芽生え，1歳半ば頃から強く自己主張をすることも多くなる。自分の思いや欲求を主張し，受け止めてもらう経験を重ねることで，他者を受け入れることができ始める。また，友達や周囲の人への興味や関心が高まり，自発的に働きかけていくようになる。子ども同士の関わりが徐々に育まれていく時期で

ある。このように他者に関心をもち，やり取りを通して言葉を獲得していくのである。

　保育者は，このような子どもの育ちに対して，状況を説明する言葉を補って子どもに言葉を返したり，子どもがもつイメージを膨らませたり，補えるような遊び環境を整えることが大切になってくる。また，子ども同士のやり取りが増える中で，子ども同士の関わりの中で気持ちや経験を言語化していくなど丁寧な関わりが必要となる。

　具体的には，「内容の取扱い」では，「①　身近な人に親しみをもって接し，自分の感情などを伝え，それに相手が応答し，その言葉を聞くことを通して，次第に言葉が獲得されていくものであることを考慮して，楽しい雰囲気の中で保育士等との言葉のやり取りができるようにすること」とある。

　この時期の一語文といわれる言葉は，「マンマ」という言葉の中に，「ママ」の意味もあれば，「（マンマ）食べたい」「お腹すいた」「ご飯（マンマ）がある」などの様々な意味を表す言葉として使われることがある。

　保育者は，一語に込められた子どもの思いを丁寧に汲み取り，伝えたい，聞いてもらいたいという子どもの思いに応えて，「お腹空いたね。マンマ食べようね」など，言葉を補って返していくことが重要である。

　また，二つ目として，「②　子どもが自分の思いを言葉で伝えるとともに，他の子どもの話などを聞くことを通して，次第に話を理解し，言葉による伝え合いができるようになるよう，気持ちや経験等の言語化を行うことを援助するなど，子ども同士の関わりの仲立ちを行うようにすること」とある。

　言葉を獲得し始め，自我が芽生え始めると，自分と他者の区別がつくようになってきて，友達への関心も高まってくる。しかし，まだ，自分と他者との気持ちの違いや，相手の気持ちに気づけなかったり，自分の物と相手の物の区別などの所有の意識が不確かな面も多いため，同じ玩具を使いたがり，物の取り合いになることもある。

　このようなときに，「ダメ」や「貸してあげなさい」などと行動を制止したり望ましい行動を指示したりして子どもの思いを抑えるのではなく，双方の思いを汲み取り，伝え合う仲立ちをすることが大切である。たとえば「どうしたの？」とお互いの思いを聞いたり，「困ったね」などとその気持ちに共感するなどである。

　また，お互いの気持ちに共感しながら，「遊んでいたのに取られて悲しかったね」「でも，○○ちゃんも使いたかったみたい」や，取ってしまった子に対しても「楽しそうだから，使いたかったのね」「でも，△△ちゃん，急に取られてびっくりしちゃったみたい」などと，双方の気持ちをゆっくりと代弁することが

大切である。このように保育者が，子どもの気持ちや思い，経験等を伝えていくことの積み重ねが，子どもの自我を育てることにつながり，さらに友達にも思いがあることに気づき，相手の思いも聞くようになっていく。つまり，言葉による伝え合いの芽生えになるのである。

　三つ目は，「③　この時期は，片言から，二語文，ごっこ遊びでのやり取りができる程度へと，大きく言葉の習得が進む時期であることから，それぞれの子どもの発達の状況に応じて，遊びや関わりの工夫など，保育の内容を適切に展開することが必要であること」と示されている。

　この時期の子どもの一語には，先の「マンマ」の例のようないろいろな意味が含まれている。子どもは，単に物の名を言ったり，事実を伝えているだけではなく，自分の思いを共有してもらいたいと思い，見えない文脈をもって言葉を発する。たとえば，犬を見て，「ワンワン」と発したとすると，その言葉の中には，犬を見つけたうれしさ，犬の大きさを見ての驚き，毛がふわふわとしている感触や犬に対してかわいいと思う愛着など，様々な気持ちが込められている。

　保育者は，その発せられた言葉に込められている様々な思いを共有しながら，「ワンワン，いたね」「大きいね」「ふわふわしているね」「かわいいね」などと言葉を補いながら伝え，言葉のやり取りをする喜びを感じられるようにすることが大切である。

　また，象徴機能の発達に伴い，イメージする力が育ち，単語数も増加してくる。「ワンワン，イタネ」「ブーブ，ノンノ」など，いわゆる二語文を話し始める。また，この時期に「コレ，ナーニ？」や「ダレ？」などと物の名称を尋ねる。

　保育者が，丁寧に「ワンワン，いたね。寝ているね」や「ブーブに乗っているね。どこに行くんだろう」などと言葉を補いながら返すことで，言葉が豊かになり，言葉で捉える世界も広がってゆく。

　また，体験した出来事や絵本で見たことを記憶して，イメージしながらごっこ遊びを楽しむようになっていく。子どものイメージが膨らむような遊び環境を整えることが大切になってくる。たとえば，乗り物に興味をもって遊んだり，言葉にしたりする様子が見られたときに，ハンドルを用意してバスごっこをしたり，電車に見立てた箱を用意し，その中に入り運転手の気分を味わいながら「シュッパーツ！」「どこまで行くんですか」などのやり取りを保育者と行う。そのことで，よりイメージを広げ，保育者や周囲の大人の言葉をまねしてみながら，言葉を獲得し，言葉で表現することを豊かにしていくのである。

　これまで説明してきたように，3歳未満児の言葉の獲得は，周囲の大人（園では保育者）の応答的な関わりが重要であるといえる。保育者は，子どもが見てい

るものをよく見て，子どもが発している声や動き，言葉を捉え，気持ちを受け止めながら，応じていくことが大切である。そのことが言葉を豊かにし，生き生きとしたやり取りをすることへとつながっていくのである。

2 ┃ 3，4，5歳児の領域「言葉」

❶ ねらい・内容の取扱い

1 ねらい及び内容と領域の編成について

　領域「言葉」に関する具体的な内容に入る前に，3歳児以上のねらい及び内容と領域の編成について，本項では幼稚園教育要領に基づいて確認していく。

　領域「言葉」は，幼稚園教育要領第2章に示されている五つの領域の一つである。幼児期の教育においては，小学校以上の教育における各教科等のように，五つの領域が先に決まっているものではない。まずねらい及び内容があり，領域はこれらを幼児の発達の側面からまとめ，示したものである。合わせてねらい及び内容等の定義についても理解した上で，具体的な内容に入っていくことで理解が深まるであろう。

　幼稚園教育要領においては，以下のように記載されている。

第2章　ねらい及び内容
　この章に示すねらいは，幼稚園教育において育みたい資質・能力を幼児の生活する姿から捉えたものであり，内容は，ねらいを達成するために指導する事項である。各領域は，これらを幼児の発達の側面から，心身の健康に関する領域「健康」，人との関わりに関する領域「人間関係」，身近な環境との関わりに関する領域「環境」，言葉の獲得に関する領域「言葉」及び感性と表現に関する領域「表現」としてまとめ，示したものである。内容の取扱いは，幼児の発達を踏まえた指導を行うに当たって留意すべき事項である。
（以下略，下線筆者）

　幼児の発達は，様々な側面が絡み合って相互に影響を与え合いながら遂げられていくものである。各領域に示されている「ねらい」は，幼稚園生活の全体を通して幼児が様々な体験を積み重ねる中で，相互に関連をもちながら次第に達成に向かうものである。「内容」は，幼児が環境に関わって展開する具体的な活動を通して総合的に指導されなければならないものである。

　このようなことから，幼稚園教育要領第2章の各領域に示している事項は，保育者が幼児の生活を通して総合的な指導を行う際の視点であり，幼児の関わる環

境を構成する場合の視点でもあるということができる。

　その意味から，幼稚園教育における領域は，それぞれが独立した授業として展開される小学校の教科とは異なる。そのため，領域別に教育課程を編成したり，特定の活動と結び付けて指導したりするなどの取扱いをしないようにしなければならない。領域の「ねらい」と「内容」の取扱いに当たっては，このような幼稚園教育における「領域」の性格とともに，領域の冒頭に示されている領域の意義づけを理解し，各領域の「内容の取扱い」をふまえ，幼児の発達をふまえた適切な指導が行われるようにしなければならないのである。

　したがって，保育者は，領域「言葉」が「経験したことや考えたことなどを自分なりの言葉で表現し，相手の話す言葉を聞こうとする意欲や態度を育て，言葉に対する感覚や言葉で表現する力を養う」領域である（領域の意義づけ）ことを理解し，幼稚園，保育所，認定こども園における生活（以下，園生活）全体を通して，幼児にこうした力を養っていくことが求められる。また，領域「言葉」を独立させて教育課程等を編成したり，領域「言葉」に関する事項を特定の活動と結び付けて指導したりするなどの取扱いをしないよう十分に留意する必要がある。

［2］　領域「言葉」のねらい

　次に，領域「言葉」のねらいを確認していこう。

---

(1)　自分の気持ちを言葉で表現する楽しさを味わう。
(2)　人の言葉や話などをよく聞き，自分の経験したことや考えたことを話し，伝え合う喜びを味わう。
(3)　日常生活に必要な言葉が分かるようになるとともに，絵本や物語などに親しみ，言葉に対する感覚を豊かにし，先生や友達と心を通わせる。

　領域「言葉」では上記の三つのねらいが示されている。ねらいは前述のように「幼稚園教育において育みたい資質・能力を幼児の生活する姿から捉えたもの」であることから，幼児の側に立った記述になっている。

　言葉は，身近な人との関わりを通して次第に獲得されるものである。人との関わりでは，見つめ合ったり，うなずいたり，微笑んだりなど，言葉以外のものも大切である。幼児は気持ちを自分なりの言葉で表現したとき，それに相手がうなずいたり，言葉で応答してもらったりすると楽しくなり，もっと話そうとする。保育者は，幼児が言葉で伝えたくなるような経験を重ね，その経験したことや考えたことを自分なりに話すこと，また友達や保育者の話を聞くことなどを通じ，言葉を使って表現する意欲や，相手の言葉を聞こうとする態度を育てることが大切である。また，幼児のものの見方や考え方も，そのように言葉によって伝え合

う中で確かなものになっていく。

　幼児は，園生活の中で心を動かされる体験を通して，様々な思いをもつ。この思いが高まると，幼児は，その気持ちを思わず口に出したり，親しい相手に気持ちを伝え，共感してもらうと喜びを感じたりするようになる。このような体験を通じて，自分の気持ちを表現する楽しさを味わうことが大切である。

　また，幼児は，自分の話を聞いてもらうことにより，自分も人の話をよく聞こうとする気持ちになる。人の話を聞き，自分の経験したことや考えたことを話す中で，相互に伝え合う喜びを味わうようになることが大切である。

　幼児は，保育者や友達と一緒に行動したりやり取りしたりすることを通して，次第に日常生活に必要な言葉がわかるようになっていく。また，幼児が絵本を見たり，物語を聞いたりして楽しみ，言葉の楽しさや美しさに気づいたり，想像上の世界や未知の世界に出会い，様々な思いを巡らし，その思いなどを保育者や友達と共有したりすることが大切である。

　このような経験は，言葉に対する感覚を養い，状況に応じた適切な言葉の表現を使うことができるようになる上でも重要である。

　なお，ねらい(3)の文中，「言葉に対する感覚を豊かにし」という記述は，2017年の幼稚園教育要領等の改訂時に新たに示された箇所である。これは，近年の子どもの育ちをめぐる環境の変化等をふまえた教育内容の見直しに伴って示されたものである。「幼稚園，小学校，中学校，高等学校及び特別支援学校の学習指導要領等の改善及び必要な方策等について（答申）」（中央教育審議会，2016年12月21日）においては，幼稚園教育要領の改訂に向けて次のように指摘されている。「幼児期における言語活動の重要性を踏まえ，幼児が言葉のリズムや響きを楽しんだり，知っている言葉を様々に使いながら，未知の言葉と出合ったりする中で，言葉の獲得の楽しさを感じたり，友達や教員と言葉でやり取りしながら自分の考えをまとめたりするようにする」。

　これらのこともふまえて，領域「言葉」におけるねらい(3)が改訂され，内容の取扱い(4)が新しく示されている。あわせて，幼稚園教育要領第1章総則にも言語活動の充実について新たに示されているので，確認しておきたい（第1章総則　第4　指導計画の作成と幼児理解に基づいた評価　3　指導計画の作成上の留意事項）。こうした改訂された箇所に注目し，幼児教育においてこれまでと変わらずに大切にすることに加えて，今後意識的に指導を進めていくことが求められていることを捉えることが大切である。

3 　領域「言葉」の内容の取扱い

　次に，「内容の取扱い」について理解を深めていこう。「内容の取扱い」は前述のように，「幼児の発達を踏まえた指導を行うに当たって留意すべき事項」であ

ることから，保育者の側に立って記載されている。日々の園生活の中で幼児一人
ひとりが発達に必要な体験を重ね，ねらいの達成に向けて発達していくために，
保育者はどのようなことに留意する必要があるのだろうか。

【内容の取扱い】

(1)　言葉は，身近な人に親しみをもって接し，自分の感情や意志などを伝え，
それに相手が応答し，その言葉を聞くことを通して次第に獲得されていく
ものであることを考慮して，幼児が教師や他の幼児と関わることにより心
を動かされるような体験をし，言葉を交わす喜びを味わえるようにするこ
と。

　幼児は，園生活の中で保育者や友達と関わりをもち，親しみを感じると，互い
に自分の気持ちを相手に伝えようとする。

　幼児は，そのような温かな人間関係の中で，言葉を交わす喜びを味わい，自分
の話したことが伝わったときのうれしさや相手の話を聞いてわかる喜びを通して，
もっと話したいと思うようになる。しかし，心の中に話したいことがたくさん
あっても，まだうまく言葉で表現できない幼児，友達には話せるが保育者には話
せない幼児など，自分の思いどおりに話せない場合も多い。そのような場合にも，
保育者や友達との温かな人間関係を基盤にしながら，幼児が徐々に心を開き，安
心して話ができるように援助していくことが大切である。

　幼児期の言葉の発達は，個人差が大きく，表現の仕方も自分本位なところが
あったりする。しかし，保育者や友達との関わりの中で，心を動かされるような
体験を積み重ね，それを言葉で伝えたり，保育者や友達からの言葉による働きか
けや様々な表現に触れたり，言葉でやり取りしたりすることによって，次第に自
分なりの言葉から人に伝わる言葉になっていき，場面に応じた言葉が使えるよう
になっていくのである。

　保育者は，このような幼児の言葉の発達や人との関わりを捉えそれに応じながら，
正しくわかりやすく，美しい言葉を使って幼児に語りかけ，言葉を交わす喜びや豊
かな表現などを伝えるモデルとしての役割を果たしていくことが大切である。

【内容の取扱い】

(2)　幼児が自分の思いを言葉で伝えるとともに，教師や他の幼児などの話を
興味をもって注意して聞くことを通して次第に話を理解するようになって
いき，言葉による伝え合いができるようにすること。

　幼児は園生活を楽しいと感じられるようになると，自分の気持ちや思いを自然

に保育者や友達に言葉や表情などで伝えるようになり，友達との生活の中で自分の思いを言葉にすることの楽しさを感じ始める。そして，保育者や友達が話を聞いてくれることによって，言葉でのやり取りの楽しさを感じるようになる。やり取りを通して相手の話を聞いて理解したり共感したりして，言葉による伝え合いができるようになっていく。

　幼児は，相手に自分の思いが伝わり，その思いが共感できることで喜びを感じたり，自分の言ったことが相手に通じず，言葉で伝えることの難しさやもどかしさを体験したりする。また，相手に自分の思いを伝えるだけでなく，保育者や友達の話を聞く中で，その思いに共感したり，自分のこととして受け止めたりしながら，熱心に聞くようにもなっていく。たとえば，相手の話が面白いと，その話に興味をもち，目を輝かせて聞き入り，楽しい気分になることもある。また，ときには友達とのいざこざなどを通じて，そのときの相手の気持ちや行動を理解したいと思い，必要感をもって聞くこともある。このような体験を繰り返す中で，自分の話や思いが相手に伝わり，また，相手の話や思いがわかる楽しさや喜びを感じ，次第に伝え合うことができるようになっていく。

　その際，保育者が心を傾けて幼児の話やその背後にある思いを聞きとり，友達同士で自由に話せる環境を構成したり，幼児同士の心の交流が図られるように工夫したりすることで，幼児の伝えたいという思いや相手の話を理解したいという気持ちを育てることが大切である。また，言葉が伝わらないときやわからないときに，状況に応じて保育者が仲立ちをして言葉を付け加えたり，思いを尋ねたりすることで，話が伝わり合うよう援助をすることも必要である。活動を始める前やその日の活動を振り返るような日常的な集まり，絵本や物語などのお話を聞く場面などを通して，みんなで一緒に一つのまとまった話を集中して聞く機会をもつことで，聞くことの楽しさや一緒に聞くことで生まれる一体感を感じるようになる。幼児が集中して聞けるようになっていくためには，話し手や話の内容に興味や関心をもつことができるように，落ち着いた場を設定し，伝え合うための工夫や援助を行い，保育者も幼児とともに聞くことを楽しむという姿勢をもつことが大切である。

【内容の取扱い】

(3)　絵本や物語などで，その内容と自分の経験とを結び付けたり，想像を巡らせたりするなど，楽しみを十分に味わうことによって，次第に豊かなイメージをもち，言葉に対する感覚が養われるようにすること。

　幼児は，その幼児なりの感じ方や楽しみ方で絵本や物語などの世界に浸り，そ

の面白さを味わう。絵本の絵に見入っている幼児，物語の展開に心躍らせている幼児，読んでくれる保育者の声や表情を楽しんでいる幼児など様々である。保育者は，その幼児なりの感じ方や楽しみ方を大切にしなければならない。

　また，幼児は，絵本や物語などの中に登場する人物や生き物，生活や自然などを自分の体験と照らし合わせて再認識したり，自分の知らない世界を想像したりして，イメージを一層豊かに広げていく。そのために，絵本や物語などを読み聞かせるときには，そのような楽しさを十分に味わうことができるよう，題材や幼児の理解力などに配慮して選択し，幼児の多様な興味や関心に応じることが必要である。

　幼児は，絵本や物語などの読み聞かせを通して，幼児と保育者との心の交流が図られ，読んでもらった絵本や物語に特別な親しみを感じるようになっていく。そしてみんなで一緒に見たり，聞いたりする機会では，一緒に見ている幼児同士も共感し合い，みんなで見る楽しさを味わっていることが多い。そうした中で，一層イメージは広がっていくので，みんなで一緒に見たり，聞いたりする機会にも，落ち着いた雰囲気をつくり，一人ひとりが絵本や物語の世界に浸り込めるようにすることが大切である。

　また，幼児は，保育者に読んでもらった絵本などを好み，もう一度見たいと思い，一人で絵本を開いて，読んでもらったときのイメージを思い出したり，新たにイメージを広げたりする。このような体験を繰り返す中で，絵本などに親しみを感じ，もっといろいろな絵本を見たいと思うようになっていく。その際，絵本が幼児の目に触れやすい場に置かれ，落ち着いてじっくり見ることができる環境があることで，一人ひとりの幼児と絵本との出会いは一層充実したものとなっていく。そのために，保育室における幼児の動線などを考えて絵本のコーナーをつくっていくようにすることが求められる。

【内容の取扱い】

(4)　幼児が生活の中で，言葉の響きやリズム，新しい言葉や表現などに触れ，これらを使う楽しさを味わえるようにすること。その際，絵本や物語に親しんだり，言葉遊びなどをしたりすることを通して，言葉が豊かになるようにすること。

　幼児は，遊びや生活の中で様々な言葉に出会い，その響きやリズムに興味をもったりする。やがて，その意味や使い方にも関心をもつようになり，いろいろな場面でその言葉に繰り返し出会う中で，徐々に自分が使える言葉として獲得していく。そして，考えるときや，感じたり考えたりしたことを表現するときに，

その言葉を使うようになる。

　幼児が言葉を使って表現することを楽しむようになるためには，単に言葉を覚えさせるのではなく，日常生活の中で見たり，聞いたりしたこととそのときに聞いた言葉を重ね合わせながら，意味あるものとして言葉に出会わせていくことが望ましい。

　たとえば，雨が降っている様子を表すときに「雨が降っている」と言うだけではなく，「雨がしとしと降っている」「今日は土砂降りだね」と雨の降り方を表す言葉を一言付け加えると，その様子をより細やかに表現することができる。そのような表現に出会うと，幼児は「雨が降る」にも，いろいろな言葉があることを感じることができる。

　また，絵本や物語，紙芝居の読み聞かせなどを通して，お話の世界を楽しみつつ，いろいろな言葉に親しめるようにすることも重要である。とくに語り継がれている作品は，美しい言葉や韻を踏んだ言い回しなど幼児に出会わせたい言葉が使われていることが多い。繰り返しの言葉が出てきて，友達と一緒に声に出して楽しめるものもある。お話の世界を通していろいろな言葉と出会い親しむ中で，自然に言葉を獲得していく。言葉を獲得する時期である幼児期にこそ，絵本や物語，紙芝居などを通して，美しい言葉に触れ，豊かな表現や想像する楽しさを味わうようにしたい。

　また，幼児期の発達をふまえて，言葉遊びを楽しむことも，いろいろな言葉に親しむ機会となる。たとえば，リズミカルな節回しの手遊びや童謡を歌うことは，体でリズムを感じながらいろいろな言葉を使って表現する楽しさにつながる。しりとりや，同じ音から始まる言葉を集める遊びをする中では，自分の知っている言葉を使うことや，友達の発言から新しい言葉に出会う楽しみが経験できる。短い話をつなげてみんなで一つの物語をつくるお話づくりのような遊びでは，イメージを広げ，それを表現することを経験できる。幼児の言葉を豊かにしていくためには，このような言葉を使った遊びを楽しむ経験を積み重ねていくことも必要である。

【内容の取扱い】
(5)　幼児が日常生活の中で，文字などを使いながら思ったことや考えたことを伝える喜びや楽しさを味わい，文字に対する興味や関心をもつようにすること。

　幼児を取り巻く生活の中では，様々な形の記号が使われており，文字もその中の一つとして幼児の身近なところに存在している。したがって，幼児にとっては，

文字も様々にある環境の一つであり、興味をもつと、わかる文字を周囲に探してみたり、まねして使ってみようとしたりするなど、自分の中に取り入れようとする姿が自然にみられる。第三者には読めないが、かなり早い時期から文字らしい形を書いたりすることもあり、年齢が進むにつれて、文字の読み方を保育者や友達に聞いたり、文字をまねして書いたりする姿が多くみられるようになる。

　たとえば、レストランごっこをしている幼児が、自分の体験からメニューには何か書いてあることに気づいて、それを遊びの中で表現したいと考えたり、店を閉める前に「おやすみ」と書いて、閉店を友達に伝えたいと思ったりするなど、遊びと密着した形で文字の意味や役割が認識されたり、記号としての文字を獲得する必要性が次第に理解されたりしていく。保育者は、文字に関わる体験が園生活の中に豊かにあることを認識し、幼児一人ひとりのこのような体験を見逃さず、きめ細かく関わる必要がある。もとより、幼児の興味や関心の状況は個人差が大きいことにも配慮し、生活と切り離した形で覚え込ませる画一的な指導ではなく、一人ひとりの興味に合わせ、遊びなどの中で、その幼児が必要に応じて文字を読んだり書いたりする楽しさを感じる経験を重ねていくことが大切である。

　このように、幼児は遊びの中で、文字を遊具のように見立て、使っていることもあり、このような姿を捉えて、その指導を工夫することが大切である。保育者は、文字について直接指導するのではなく、幼児の、話したい、表現したい、伝えたいという気持ちを受け止めつつ、幼児が日常生活の中で触れてきた文字を使うことで、文字を通して何らかの意味が伝わっていく面白さや楽しさが感じられるように、日頃の保育の中で伝える喜びや楽しさを味わえるようにすることが大切である。

　このような一人ひとりの幼児の文字に対する興味や関心、出会いを基盤にして、小学校以降において文字に関する系統的な指導が適切に行われることを保護者や小学校関係者にも理解されるよう、さらに働きかけていくことが大切である。

　ここまで、領域「言葉」のねらいと内容の取扱いについて確認してきた。「『言葉』の『指導』」というと、新しい語彙を大人が教授的に伝えることや、反復練習をしながらまとまった文章を暗唱すること、画一的な方法で幼児が文字を習得できるようにすることなどを思い浮かべることも多い。

　改めていうまでもなく、幼児教育は幼児期にふさわしい教育として、環境を通して行う教育を基本とし、遊びを中心とした総合的な指導を行っている。そのため、言葉に関する指導においても、幼児が身近な環境に自発的に関わり、身近な環境との相互作用の中で発達に必要な体験を重ねていくことを大切にする。そして、幼児教育における環境は、幼児を取り巻くすべてのものを指す。各園で様々

に準備されている遊具や素材や絵本等，砂場や固定遊具などの「もの」だけではなく，保育者や友達などの「ひと」，植物や小動物，突然降ってきた雨などの「自然」，園やクラスの「雰囲気」……。こうした環境すべてが，幼児と言葉との出会いをもたらし，育んでいく。

　たとえば，園庭でミニトマトを栽培している。黄色い小さな花が咲き「わあ，花が咲いたよ」「きれいだね」「黄色いんだね」などと気づいたことを言いながら，よく見たり水やりなどの世話が楽しくなったりしていく。そのうちに小さな固い緑色の実がなる。「何かできてる」「何だろう」「すべすべしてる」「トマトじゃない？」「え，トマトは赤いよ」と感じたことや考えたことを言い合ったり，保育室に置いてある図鑑を見て確かめてわかったことを伝え合ったりすることも楽しい。待ちに待ってトマトが赤くなると，そのうれしい大発見はみんなに口伝えで広がっていく。ときには，クラスのみんなでトマトが出てくる絵本を読んだり，トマトの歌を歌ったりすることを楽しんだりもする。そうした体験が重なる中で，トマトへの愛着は増し，みんなで収穫を楽しみにする。しかし，順調なことばかりではない。年下の幼児がやっと赤くなったトマトをとってしまうことも起きるかもしれない。怒る幼児も悲しむ幼児もいるだろう。とってしまった年下の友達がわかるような言い方で諭そうとすることもあるだろう。小さい子がとらないようにするにはどうしたらよいかを話し合って，年下の幼児のクラスに伝えに行ったり，「とらないでね」「まっててね」と看板を書いたりすることもあるかもしれない。こうした日常の園生活の中に，言葉に関わる多様な体験があることが読み取れるであろう。保育者は，幼児がそうした多様な体験ができるように，思わず関わりたくなるような状況をつくったり，思いを受け止めたり一緒に考えたりするなど，場面に応じた援助をしていくのである。

　「幼児の発達を踏まえた指導を行うに当たって留意すべき事項」として示されている内容の取扱いには，幼児期にふさわしい言葉に関する指導について，幼児と周囲の環境との関わりやそれを促す保育者のありようが具体的に書かれている。

- 保育者や友達との信頼関係が基盤となること。
- 信頼関係に基づき，安心して自分の感じたことを言葉などで表すこと。
- 心を動かされる体験に出会い，伝えたくなったり受け止めてもらうことを喜んだりすること。
- 相手に伝えたいという必要感をもって，自分なりの言葉や表現で伝えようとすること。
- 相手の話に興味をもち，自分の体験に引き寄せて聞く楽しさを味わうこと。
- 友達と一緒に絵本やお話を見たり聞いたりすること，日常的な保育者の話，言葉遊びなどを通して，様々な言葉に触れたり，言葉のリズムなどを楽しん

だりすること。　　　など

　内容の取扱いには，ほかにも様々な指導のポイントが埋め込まれている。丁寧に読み取りながら，領域「言葉」に示されている事項への理解や，それを支える保育者の援助について考えを深めていこう。

❷　具体的な内容

〔1〕　聞いたり，話したり

　次に幼稚園教育要領の「内容」についてみていこう。

【内　容】

(1)　先生や友達の言葉や話に興味や関心をもち，親しみをもって聞いたり，話したりする。

　聞くことと話すことは切っても切り離せないものである。

　幼児は，新しい環境や初対面の人の前や緊張する場面であったりすると，すぐには話をすることができないことがある。幼児が生活の中で「言葉」を獲得し，聞いたり話したりしていくには，周囲の人との間に安心感や信頼感が成立していることが大切である。

【事例3　初めての挨拶　3歳児4月】

　入園して2週間がたち，ほかの幼児は，保育者が朝「おはようございます」と声をかけると，大きな声で挨拶ができるようになってきた。でも，A児は挨拶をせず，緊張して下を向いてしまう。保育者は，A児が自分から朝の支度をしようとする姿を認めたり，自分から粘土遊びをする姿を見守ったり，隣で一緒に粘土遊びをしたりした。すると，A児に笑顔がみられるようになり，登園すると，保育者の挨拶を聞いて「先生，おはよう。今日のお弁当はおにぎりだよ」と自分から話ができるようになった。

　このように，保育者は，幼児の実態に合わせながら，信頼関係がもてるように働きかけていく。幼児がこの保育者なら自分のことをわかってくれているという思いをもつことで安心感や信頼感が生まれていく。幼児が話を聞いたり話をしたりするには，保育者や友達の間に安心して話せる雰囲気や信頼関係が成立していることが土台となる。

【事例4　先生のお話を聞きたい　3歳児6月】

　幼稚園の生活に慣れ安心感をもつようになると，降園時には，近くにいる友達と体を近づけてふれあいを楽しんだりして，とても賑やかになる。でも，保育者が話し始めたり絵本を持ってきたりすると，さっと前を向いて，今日はどんな話が始まるのか

期待をもって聞こうとするようになった。

「親しみをもって聞いたり，話したりする」には，親しみを感じる人間関係が基盤となる。言葉と人間関係は密接な関係がある。聞くことは，相手がいて，相手に思いを寄せ，相手を知ろうとすることでもある。

【事例5　絵芝居づくり　4歳児10月】

　2年保育さくら組では，紙芝居づくりが盛んになり，めいめい書き終えると紙芝居の舞台を使って発表し始めた。初めはお客さんがいなかったが，2人，3人と少しずつ増え，担任も観客として幼児と一緒に聞いていると幼児が次々に集まってきた。観客が多く集まると，B児は大きな声で「えーと，うーんと，うさぎさんはお花畑から幼稚園にやってきました」と，担任が紙芝居を読むような口調で話し始めた。8人のお客さんも，しっかり見入って聞き，「Bちゃんすごい」「Bちゃんの面白い」と言い，終わると拍手が自然と出た。Bちゃんはとてもうれしそうである。それを見たほかの幼児たちも次々に紙芝居をつくり始めた。

このように，初めてお話をつくり，相手に聞いてもらおうとするときもクラスの温かな雰囲気が大切である。どのような絵や創作の話を紙芝居にして友達の前で発表しても，笑ったり「変なの」と言ったりする幼児がいないという環境があって，初めて伸び伸びと自分の考えた紙芝居を発表することができると考える。また，B児にとって友達に拍手をしてもらい自信になったと考える。自分に自信がもてることは，思いを表現する上で重要な支えとなっていく。

　みんなの前で発表をして，友達や保育者もともに聞いてくれた喜び，伝わった喜び，さらに，B児を認めてくれる友達の存在は，親しみをさらに深め，みんなの前で話を表現してみたいという意欲を育てていく。そのとき，一人ひとりのよさを認める温かいクラスの雰囲気が重要である。

【事例6　新しいルール　4歳児12月】

　園庭で何人かの友達が集まり円形ドッジボールをしていたところに，C児が「入れて」と言って仲間に入ってきた。C児はすぐにボールに当たってしまい，円の外に出た。どうやって友達にボールを当てようか，ボールを持って円の周りをぐるぐる回り続けた。すると，D児が「Cちゃんアウト」と言った。C児はなぜアウトなのかわからず「なんでだよ」とD児に詰め寄り，遊びが止まってしまった。ほかの幼児も「Cちゃん，だめなんだよ」と言うばかりである。そこへ保育者が来て「なぜ，Cちゃんがアウトなのか教えてあげて」と言うと，「外の人は10までしかボール持ってちゃいけないの」と説明した。保育者は，C児に「そうだね，さっき，一人がずーっとボールを持っていて遊べなくて困ってしまって，"ボールを持つのは10までにしよう"と

いう約束になったんだって」と伝えた。C児は「ぼく，知らなかったもん」と言い，D児が「わかった。今度，聞いてね」と言った。保育者は「そうだね，初めて入ったときは，ルールを聞くといいね。周りの友達も気づいたら新しくつくったルールはすぐに教えてあげようね」と言った。

このように，遊びの中で，友達に注意されたり，葛藤したりすることを通して「わからないことを尋ねることの大切さ」を知ったり「相手がわかるように言葉で伝える大切さ」を知ったりしていく。

友達と遊ぶときは，状況が変わったり，遊びの中で新しくルールをつくったりして遊びを進めていくことがある。途中から遊びに加わったときなどは，とくに遊び方を質問したり，友達がわかるように遊び方を伝えたりしていくことが必要になっていく。このように，聞いたり伝えたりする必要から，どのように表現したらよいかを考え，話をまとめたりすることで，思考力の芽生えも培われていく。

【事例 7　二人船長　5 歳児 6 月】

　クラスで「かいぞくポケット」という物語を何日かかけて保育者が読み聞かせをした。すると，C児は「かいぞくごっこをしよう」と言い，D児，E児，F児，G児が一緒に遊び始めた。C児はいつも遊びの提案をしたり，遊びをリードしたりしていくことが多い幼児であった。D児はいつもC児の後について遊ぶことが多く，自分から遊びの提案はあまりしなかった。この日も，C児は「積み木で船をつくるから積み木を持ってきて」と言って部屋に大型積み木を運び，「ここが寝るところ，ここがご飯食べるところ」と言って，みんなが運んできた積み木を細長く船の形のように整えていった。

　C児は「Eちゃん，お皿やフライパン持ってきて。あっ，布団（布）持ってきてね」と言い，D児，E児，F児，G児は船の中にお皿やフライパンなどを持ってきて，皿を並べたり料理をしたりし始めた。C児は「ここは船長が運転するところ」と一番前に座った。それを見ていたD児が小さな声で「ぼくも船長になりたい」と言ったのだが，C児は聞こえなかったように返事をせず運転を続け，座ったままであった。D児は立ったままC児を見ていた。保育者は，「Dちゃんがなんか言っているよ。聞いてごらん？」と言うと（少し間をおいて）C児は「ぼくが船長でいい？」と聞いた。すると，D児も小さな声で下を向きながら「ぼくも船長やりたい」と答えた。（少し間をおいて）C児が「じゃあ二人船長ね。僕が一番船長だよ」と言うと，D児はうれしそうにC児の横に座った。

今まで，C児は遊びのイメージをもち遊びの内容を言葉で提案することができ，

友達がそれを喜んで受け入れC児のイメージで遊びを進めていた。しかし，最近，D児やほかの幼児も援助があれば自分の気持ちを言葉で伝えるようになってきて，遊びが中断することが多くなった。C児のように，今まで自分の思いが友達に喜ばれ受け入れられていたために，友達の気持ちに気づかず，「こうしたい」という思いを優先して遊びを進める場合がある。このようなとき，友達にもC児のように思いがあることに気づかせていくことが大切である。友達の話を聞いたり思いを伝えて遊ぶとより楽しい遊びになる経験を繰り返すことで，次第に幼児自身が友達の話を遊びの中で聞いたりするなどの必要性に気づいていくようになる。

　また，D児やほかの幼児も言葉にして伝えると，相手が聞いてくれた，という経験を繰り返すことで，自信をもって自分の思いを伝えられるようになっていく。また，聞いてくれない経験も体験することで，どのように相手に伝えたらよりわかってもらえるかを考える機会にもなる。初めは，保育者の援助がいることもあるが，成功体験を積むことで，自分で相手に思いを伝えられるようになることが大切である。

　このように聞いたり話したりするには，安心感や信頼感をもてる関係性が大切である。また，伝えたい相手やそれを受け止めてくれる相手がいることが大切である。

> **【事例8　言葉で伝える　5歳児4月〜翌年2月】**
> 　このクラスは，意図的に月曜日の昼食の前に，その日の当番がみんなの前に立ち，日曜日に何をして過ごしたかを一人ずつ発表することにした。初めは，保育者が「昨日，何をしていましたか」と質問すると，幼児は「買い物」などと答えていたが，保育者が「誰と買い物に行ったの」，どこに，何を，どのように，などと質問をして話を引き出していくようにした。また，降園時にも「今日，楽しかった遊びを発表しよう」と当番が発表する場をつくった。すると，徐々に，幼児が言葉だけで場面の状況や内容を伝えることができるようになってきた。また，クラスのみんなで友達の話を楽しみに聞くようになっていった。

　人の話を聞くというのは，自分が相手にしっかりと聞いてもらった喜びや伝わったうれしさの経験の積み重ねが十分あることが大切である。

　また，幼児期は「一次的言葉」から，徐々に「二次的言葉」に移行し始める時期である。一次的言葉とは，現実場面で対面して，その場で起こっていることや経験を共有している親しい人が，聞き手と話し手を交互に進めていくものである。これが十分できることで，友達と話し合いができるようになる。また，同じ経験をしていない人に言葉でわかるように伝える経験も大切である（二次的言葉）。これは，急にはできない。徐々に，人の前で話す場を意図的に設けたりする。

　このように聞いたり話したりするには，安心感や信頼感がもてる関係性が大切である。また，伝えたい相手やそれを受け止めてくれる相手がいることも大切である。さらに，生活が生き生きと充実して話したいことや心揺さぶられる体験がたくさんあることも大切である。安心できる親しい友達との関わりの中で，幼児が言葉を使ってみたい，話を聞いてみたい，伝えたいという思いをもち，言葉を使った楽しさを味わうことが重要である。

2 自分なりの言葉で表現

> 【内　容】
> (2) したり，見たり，聞いたり，感じたり，考えたりなどしたことを自分なりに言葉で表現する。

　幼児は，自分がしたり，見たり，聞いたり，感じたり，考えたりしたことを人に伝えようとする。しかし，語彙の少ない幼児は，自分なりに知っている言葉や表情や動きで一生懸命に伝えようとする。

> 【事例9　「ちっくんいやー」　2歳0か月】
> 　H児は1歳7か月健診で，近所の保健センターに行った。すると，その建物が予防注射などを受けたところだったことを覚えていて，「ちっくんいやー，ちっくんいやー」と母親にしがみつき，入口のところで泣き出してしまった。母親は「今日は注射しないから大丈夫よ」と言っても泣き止まなかった。

　幼児は，一度経験したことを思い出して，今，自分がわかっている言葉を使って自分なりに気持ちを表現しようとする。

> 【事例10　「おんなじ，おんなじ」　3歳児6月】
> 　自分と同じように，ほかの幼児も服のポケットに自分の好きなキャラクターの刺繍をつけていることをうれしく感じて，J児は自分のポケットを指さし，次にK児のポケットを指さして，担任に同じキャラクターの刺繍であることを，ジェスチャーを交えて黙って知らせた。担任は，「Kちゃんと同じなんだ。かわいいね。一緒だとうれしいね」と伝えた。K児にポケットの刺繍を指さしながら「Jちゃんとおんなじ刺繍だよ」と話すと，K児も自分の刺繍とJ児のものとが一緒であることに気づき，ポケットを指さし，「うん。おんなじ」とうれしそうな表情で言った。担任は二人に「JちゃんとKちゃんおんなじ，おんなじ，うれしいね」と言いながら，同じであることのうれしい気持ちを受け止めると，二人はにっこりしてうれしそうであった。その後，J児が部屋の遊具で遊び始めるとK児も後を追い一緒の遊びを始めた。

このように，生活の中で，うれしい体験や心を動かされる体験をしたり，何かに気づいたり，不思議に思ったりなどすると，保育者や友達に伝えたり話したくなったりする。3歳児はうまく言葉で表せないときが多く，表情やジェスチャーで表そうとする。そのとき，保育者は，小さな動きを見逃さないという姿勢をもつことが大切である。そして，その幼児の気持ちを受け止め，わかろうとすることが大切である。そのことで，幼児は，わかってもらえたうれしさから，さらに自分の思いを伝えたい，わかってもらいたいという気持ちを強くもつ。そのとき保育者は，その思いを的確に言葉で表現して，幼児がどのように言葉で表現したらよいかを理解させていくことが大切である。幼児は，保育者や友達との生活の中で，どのように気持ちを表現すればよいかを学んでいくのである。

【事例11 「なかよしぽっちん！」 3年保育4歳児6月】

　L児が，カセットデッキで音楽を鳴らしていると，M児もやって来て，ボタンを押そうとした。二人ともボタンを押したいため，体で互いを押し合った。保育者が二人の間に入り「Lちゃんもボタン押したかったの？」「そうMちゃんもボタン押したかったの？」と互いに聞こえるように聞くと，二人ともうなずいた。保育者が「それなら，二人でボタンを押そうか？」と言うと，L児は不思議そうな顔をした。保育者が二人の指をボタンの上にのせ，二人一緒にボタンを押すようにし「一緒にぽっちんって押そうね」と言った。すると，M児が「なかよしぽっちんだ！」と言った。それを聞いてL児は，M児の顔を見て，「なかよしぽっちん！」と言い，M児も「なかよしぽっちん！」と言いながらカセットのボタンを一緒に押して互いに笑い合っていた。

　このように，幼児は自分たちの行動からイメージをもち，ぴったりの言葉を幼児なりにつくって表現することがある。それは，自分たちの行動と合っていたことから，言葉の面白さ，響きの面白さや楽しさを味わっていると思われる。

　そのとき，保育者は，幼児のありのままの表現を喜んで，共感的に聞くことが大切である。また，このようなとき，互いに共感してくれる友達や保育者がいることでさらに楽しさが増していく。自分の気づきや考えから新たな言葉が生まれ，それを友達と共感したり，共有されたりする満足感から，言葉で表現しようとする意欲がさらに高まっていく。

【事例12 「Nちゃんと一緒にしたい」 3年保育5歳児6月】

　N児は友達5人と踊りのショーごっこを始めていて，遊戯室でショーをすることになり，5人でドレスを着て出かけて行った。

　保育者が見に行くと，5人が浮かない表情をしていた。5人の中で，2グループに

分かれて踊ることになったが，N児が急に一人で踊りたいと言い，一緒に踊るはずだったO児とP児は困っていた。保育者が，N児に「今日は3人でやってみるのはどう？」と提案してみたが，N児は「嫌だ」と言って聞き入れない。N児と保育者のやり取りをそばで見ていたO児が，「あのさー，Nちゃんさー，いつも自分のしたいことばっかりじゃん」と強い口調で話し始めると，P児も「昨日もQちゃんにゆずってもらってたじゃん」と話した。それを聞いて，N児は泣き出した。二人ともN児が泣き出し困った顔をしている。保育者は，「友達に言われて嫌だったね」とN児の悲しい気持ちを受け止めた。しばらくして，O児は「でも，私もPちゃんも，Nちゃんに，たまには私たちのことも聞いてほしかっただけなの」と優しくN児に声をかけた。P児は「3人で踊るのも楽しいかもしれないから，どう？」とそっとN児に伝え，N児が泣きやんで気持ちが変わるのを待った。それでもN児は「やらない」と言って泣いている。保育者はO児とP児に二人だけで踊ることを提案してみた。しかし，O児は「Nちゃんと一緒にしたい」と言った。P児も「私もNちゃんと一緒がいい」と言った。保育者が，「OちゃんもPちゃんも，Nちゃんとやりたいんだって，うれしいね」と伝えると，二人の言葉を聞いたN児は，「やってみる」と泣きやみ，3人で再び遊び始めた。

　このように，幼児は，遊びの中でもめたり，気持ちが伝わらずに困ったりしたときに，悔しい思いや葛藤を経験する。初めは，自分たちの困っている気持ちを怒りとともにそのまま伝えたが，相手が泣いてしまうことで，強い言い方ではいけないことに気づいていく。どのような言い方をしたら相手の心を傷つけずに自分の気持ちが相手に伝わるかを考え，言い方を変えたり優しい言い方をしたりして，言葉での新たな表現を考えていく。

　このように，相手と一緒に遊びたい，相手にわかってもらいたい，伝えたい思いがあることで，どのように伝えたらよいかを考え，言葉を選び，表現方法も考えて自分の思いを伝えようとする。そのことで，幼児は試行錯誤し，自分の考えをまとめたり，深めたりしていき，思考力の芽生えも培われていくのである。

【事例13　「ドッジボールのルールを教えてあげる」　3年保育5歳児2月】

　お弁当の時間に，R児は学級の友達を「ドッジボールをしよう」と誘っていた。多くの学級の友達もR児の提案を受け入れ盛り上がっている。しかし，S児とT児が「やってみたいけど，ドッジボールやったことがないからルールがわからない」と困った表情で担任に言いに来た。担任は「やってみたいけど，ルールがよくわからないから，不安なんだね。でも，友達が教えてくれるんじゃないかな」と話すと，R児は「大丈夫だよ。ぼくがやり方を教えてあげるから」と力強く言った。お弁当の後，すぐに戸外へ飛び出し，R児と友達で園庭にドッジボールのコートを描いて準備を始

めた。ゲームが始まるとS児とT児に「お尻を見せて逃げたらあてられるよ」とアドバイスをしたり「逃げられるのはこの線まで」「ボールをよく見ているとあたらないよ。大丈夫なんだよ」とルールを知らせたりするR児の姿が見られた。また，バウンドしたボールをS児がとったときに，R児は「S，うまい」と認めの言葉をかけていた。

　このように，幼児は遊びが楽しい，友達ともっとこの楽しい遊びをしたいという強い思いから，自分の今までの経験を思い出し，一生懸命に言葉でルールを伝え，何とか遊びを進めようとする。幼児の遊びたいという強い気持ちが大切である。毎日の遊びの充実が，言葉でのやり取りを高めていく。

　また，保育者は，幼児の発達を理解し，保育者自身が伝えるのではなく，5歳児2月には，子ども同士で伝える大切さを理解し「友達が教えてくれるんじゃないかな」と投げかけている。このように，幼児の発達を考え，伝える意欲を育てることは重要である。

3　自己主張，質問

> 【内　容】
> (3)　したいこと，してほしいことを言葉で表現したり，分からないことを尋ねたりする。

　集団生活の中では自分の思いの通らないことがたくさん出てくる。
　入園後間もない3歳児は自分の思い通りにならないと，どこかに行ってしまったり，活動に参加したがらなかったりすることがある。3歳児のU児は集団生活が初めてである。入園前に同年代の幼児と遊ぶことがほとんどなく，母親と二人で過ごすことが多く何でも自分の思い通りになっていた。

> **【事例14　「一番前でなければ嫌だ」　3年保育3歳児5〜6月】**
> 　3歳児のU児は何でも一番でなければ気が済まない。朝体操をするため，園庭に並ぶときも一番先に靴を履き替え，一番前に並んでいる。少し園庭に出るのが遅くなり，一番前になれないときには，「もういいよ」と言って怒って鳥小屋の後ろに行ってしまう。学級の友達はそんなU児のことを気遣い，U児が遅くなると，一番前を空けてくれるようになった。
> 　7月に入り，
> V児　：「いつもU児ばかりが一番前になり『ずるい』」と保育者に言ってきた。
> 保育者：「Uちゃん，外に並ぶとき，みんなも一番前になりたいって言ってるよ」
> U児　：「一番前がいいの。一番前でなければ並ばない」

保育者：「Uちゃんも一番前がいいけど，Tちゃんも一番前がいいんだって」

U児　　：「だって一番がいいんだ」

　保育者は学級のほかの幼児の名前も出し，みんな一番がいいということを伝えた。しかし，U児は納得しない。

　次の日U児は園庭に出るのが遅れ，V児が先頭にいた。いつものように，U児が走って鳥小屋の後ろに行こうとしたところ，

W児　　：「Uちゃん，わたしの前に入れてあげるよ」

　U児はしばらく考えていたが，W児の前に入れてもらった。

　U児は初めての集団生活で戸惑うことも多く，並ぶときにはいつも一番前で保育者の側でなければその後の活動に参加することができなかった。ほかの幼児の「一番前になりたい」という思いを聞いても，自分の思いを通そうとするU児だった。U児にとって，お姉さんのような存在のW児の「わたしの前に入れてあげるよ」という言葉を受け入れ，自分からW児の前に並んだ。保育者はU児の思いを十分に受け止めながらも，ほかの幼児もU児と同じような思いのあることを伝えていった。保育者は並ぶ順番を決めたりせずに，U児が自分から動き出すまで見守っている。学級の友達もU児の行動を受け止めながらも，自分の思いを言葉で主張できるようになっている。W児の言葉からU児は一番前に並べなかったときには，後ろに並ぶという方法がわかるようになった。W児が欠席のときやW児やほかの友達が声をかけてくれないときには，保育者と手をつなぐなどしながら，学級の友達と一緒に，同じように様々な活動に取り組む機会が増えていった。

　次は，年長児の当番活動に憧れ，年中組でも当番活動をすることになり，4人のグループをつくることになった事例である。4人のグループは名簿順に男女二人ずつ，保育者が決めた。年長組に姉のいる幼児が，年長組では当番に名前がついていることをみんなに伝え，年中組でもグループに名前をつけようと提案した。

【事例 15　「なかなか決まらなくて困っちゃうよ」　3 年保育 4 歳児 10月】

　当番活動を一緒にする 4 人組のグループが決まった。X児のグループでは，虫の名前をつけることになった。

X児：「強そうだから『かぶとむし』にしようよ」

Y児：「わたしは，かわいいから『あり』がいい」

Z児：「ぼくは，『だんごむし』がいいな」

A児：「わたしは何でもいいよ」

　話し合いの結果，「かぶとむし」か「だんごむし」にすることになった。しかし，X児，Z児は，どちらも一歩も引かない。とうとう，この日はグループの名前が決まらなかった。明日，もう一度話し合うことにした。

次の日もう一度４人で話をしたが，Ｘ児，Ｚ児は強く主張する。

Ｙ児・Ａ児：「先生，ＸちゃんもＺちゃんも，絶対いやだって言ってる。決まらない
　　　　　から困っちゃうよ」

　この日も決まらず，３日目になった。

Ｙ児：「早く決まらないとお当番できないよ。決まらないから『かぶとだんごむし』
　　　グループはどう？」

　Ｘ児・Ｚ児は考えていたが，二人で顔を見合わせて，

Ｘ児・Ｚ児：「いいね，いいよね」とやっとグループの名前が決まった。

　Ｘ児，Ｚ児はグループの名前を決めるのに，強く自己主張している。何日か話し合いの時間をつくり，Ｙ児，Ａ児がいろいろな提案をしてみるが，Ｘ児，Ｚ児は自分の思いをさらに強く主張している。保育者はその様子を３日間見守っている。話し合いの中ではどうして「かぶとむし」がいいのか，「だんごむし」がいいのか，二人は必死に訴えている。その様子を見て「早く決めて当番活動をしたい」という思いから，お互いの虫の名前を合体させ，「かぶとだんごむし」と提案している。二人の思いを実現させたいという思いがあるからこそ，「かぶとだんごむし」グループとなり，４人全員が納得するグループ名になった。

　互いの思いを受け入れ，妥協策を考えることも必要だが，４歳児にはまだ難しい。事例15のように，本当にやりたいことは，ときには納得がいくまで，強く主張することも必要である。

　次は，年長児が動物園に遠足に行った経験から，動物園をつくることになった事例である。２～３人のグループになり，ダンボールや空き箱などの廃材を使い動物づくりが始まった。

【事例16　「ぼく一人で『こうもり』つくるよ」　３年保育５歳児５月】

　Ｂ児のグループは，Ｂ児が「こうもり」をつくりたいと強く主張している。ほかの二人の幼児は「こうもり」はよく知らないと賛成してくれない。二人は別の動物をつくりたいと主張している。Ｂ児は「こうもり」と主張し，なかなか決められないでいた。ほかのグループでは動物づくりが進んでいた。困ったＣ児は保育者に訴えてきた。

Ｃ児　：「先生，Ｂちゃんが『こうもり』つくろうって言うんだけど，Ｄちゃんもわ
　　　　たしも『こうもり』よく知らないから，ほかの動物つくりたいけど，Ｂ
　　　　ちゃんがヤダっていうの。動物園つくれないよ」

Ｂ児　：「ぼくどうしても『こうもり』つくるからね」

保育者：「ＣちゃんもＤちゃんも『こうもり』よく知らないみたいだよ。図鑑で調べ
　　　　てみる？」

　図鑑で調べてみたが，Ｃ児もＤ児も賛成してくれない。

B児　：「『こうもり』は暗いところにいて，木の枝に逆さまにぶら下がっているんだよ。森の暗いところとか，トンネルにもいるよ」と得意そうに「こうもり」の話をしているが，二人は賛成してくれない。

保育者：「みんな，どうしたらいいかな？」

B児　：「ぼくは一人でも『こうもり』つくるよ」

　B児は一人で「こうもり」をつくることになった。「こうもり」をつくりたいと強く主張しただけあり，B児は，逆さまに吊るための方法を何度も工夫していた。C児は「しまうま」のグループに，D児は「きりん」のグループに加わり，動物園ごっこが始まった。

　動物づくりのグループは気の合う友達で行うことになっていた。

　B児にとって動物園の夜の森で見た「こうもり」が印象深かったようだ。動物園に遠足に行った直後から，図鑑を見て「こうもり」のことを調べていた。B児は「こうもり」をつくるという目的をもって動物づくりに取り組んでいた。気の合う二人も一緒に「こうもり」をつくってくれると思っていたが，二人に反対されてしまった。しかしB児の「こうもり」をつくりたいという思いはさらに強くなっていったようだった。3人で何度も話し合いをしていたが，B児は一人でも「こうもり」をつくりたいと保育者に訴えてきた。それほどB児の「こうもり」に対する思いは強かったようだ。ほかの二人もそれぞれのイメージを実現させるために，つくりたいグループに加えてもらい，実現していた。

　B児は「こうもり」を上から逆さまに吊ることに試行錯誤していた。B児が一人で動物づくりをしていることから，保育者は学級の友達にB児が逆さまに吊ることで悩んでいると投げかけてみた。学級の友達からはいろいろなアイデアがでた。保育者は日常の保育の中でも，B児が自分の思いを強く主張し，ときには強引に物事を進めようとする姿を気にかけていたが，友達からの意見を受け入れ，ダンボールとラップの芯をつなぎ合わせ，枝をつくり，そこに空き箱と画用紙でつくった「こうもり」を逆さまにぶら下げていた。動物園に来てくれた年中，年少児，保護者から褒められたことで，B児は自信をつけていった。

　入園間もない3歳児では自己主張が強く，思い通りにならないとその場を離れてしまう幼児がいる。4歳児になると，周りの言葉を聞き入れ，自分が納得すれば，友達と協力しながら同じ活動をすることができる。5歳児になると，自分のやりたいこと，実現させたいイメージがはっきりとしていて，たとえ一人でも実現にむけて試行錯誤しながら，取り組むことができる。そして，自分のイメージ通りに実現させるためには，友達や保育者に相談し，受け入れることができる。

【ねらい】

(1) 自分の気持ちを言葉で表現する楽しさを味わう。

【内　容】

(4) 人の話を注意して聞き，相手に分かるように話す。

【内容の取扱い】

(2) 幼児が自分の思いを言葉で伝えるとともに，教師や他の幼児などの話を
　　興味をもって注意して聞くことを通して次第に話を理解するようになって
　　いき，言葉による伝え合いができるようにすること。

　幼児が自分の思いを相手にわかるように言葉で伝えられるようになるには，保育者の存在は大きい。自分の思いを言葉や動きで表したとき，保育者が丁寧に話を聞き，受け入れてくれることにより，幼児も相手の話を聞こうとする。そして足りないところは保育者に補ってもらうことで，次第に相手にわかるように言葉で表現できるようになる。

　3歳児の学級で，二人の幼児が椅子をベッドに見立てて人形で遊んでいた。

【事例17　「家出するからね」　3歳児10月】

E児　：「もうFちゃんと遊ばない」

F児　：「私もEちゃんと絶対遊ばない」

E児　：「ぷんぷん。Eちゃん家出するからね」

F児　：「Fちゃんも家出するもん」

　E児は廊下に，F児は園庭に出て行ってしまった。

　その様子を見た保育者が二人に家出の理由を聞いてみた。

E児　：「Fちゃんにお散歩行こうって言っても，Fちゃん『はい』って言わないの」

F児　：「だって，Fちゃんの赤ちゃんまだ寝てるから」

保育者：「赤ちゃん寝てたら，お散歩行けないね」

　F児がうなずく。

E児　：「だって，お散歩行こうって言ったのに『いい』って言わないんだもん」

保育者：「Eちゃん，Fちゃんと赤ちゃんと一緒にお散歩行きたかったの？」

E児　：「そう。でも行かないから，家出したの」

　保育者はF児に，

保育者：「Fちゃん，EちゃんはFちゃんと赤ちゃんで一緒にお散歩したかったん
　　　　　だって」

　保育者はE児に，

> 保育者：「Eちゃん，Fちゃんは赤ちゃんお昼寝していたから，お散歩行くことができなかったんだって」
>
> 保育者：「Fちゃん，赤ちゃん目が覚めたら，お散歩行きますか？」
>
> F児　：「行ってもいいよ」
>
> 保育者：「Fちゃん，Eちゃんに赤ちゃんがお昼寝から目が覚めたらお散歩一緒に行きましょうって言ってみたら」
>
> F児　：「Eちゃん，赤ちゃん目が覚めたらお散歩行くよ」
>
> E児　：「うん，いいよ。Eちゃん家出やめた」
>
> F児　：「Fちゃんも家出やめた」
>
> 　二人は顔を見合わせて笑っている。

　E児とF児は登園後，いつも一緒に遊んでいる。E児は自分の思いが通らなかったりすると「Eちゃん家出する。ぷんぷん」と言って，保育室から出ていくことがたびたびあった。

　E児は，この日も散歩に誘ったのにF児が返事をしてくれないということで怒って家出をしてしまった。保育者はF児にも思いがあることをE児に知らせようと思い，二人を呼び，理由を聞き，お互いに思いを自分の言葉で相手に伝えられるような援助をした。

　3歳児は友達と同じ場で遊んではいるものの，イメージを共通にしたり，自分の思いを言葉で相手に伝えたりすることが難しい。そこで，保育者はこのような機会を逃さず，E児，F児の思いを聞き出し，相手にわかるように言葉で伝える援助をした。このような経験を多くすることで，自分と同じように相手にも思いがあることがわかり，言葉でわかりやすく伝えられるようになる。

　次は，4歳児の学級で人形劇ごっこが始まった事例である。4歳児はお客さんになり，5歳児の人形劇を見せてもらった。5歳児の人形劇は，廊下や保育室に「人形劇が始まります。みなさん見に来てください」と書いてあるポスターが貼られ，前日にチケットが配られた。当日は保育室の入口でチケットにハンコを押してもらい，ダンボールでつくられた舞台の前には椅子が並べられ，係の年長児が，席に案内し，ポップコーンを配ってくれた。人形劇が始まる直前には，「もうすぐ始まります。席を立たないで，最後までご覧ください」など，映画館に行ったことのある幼児の経験が遊びの中で再現されていた。

　人形劇を見せてもらった次の日，4歳児の学級でも劇場ごっこが始まった。

【事例18　「『動物劇場』始まります」　3年保育4歳児6月】

　C児は椅子を並べ，年長組で見たように客席をつくっている。それを見ていたB児は，

B児　：「Cちゃん，ぼくも手伝うよ」と椅子を並べている。保育室の中に椅子を並

べ会場の準備はできあがったが，演じる幼児がいない。そこで保育者はお客さんになり，客席の真ん中に座り子どもたちの様子を見ている。保育者の隣にM児が座った。

M児　：「劇場はいつ始まるんですか？」大きな声で聞いている。

保育者：「楽しみだね。何が始まるんだろうね」

　その言葉を聞いたR児が，

R児　：「只今準備中です。もうしばらくお待ちください」

　いつまで待っても始まる様子はない。K児がクマのぬいぐるみを手に，客席の前に立ち，

K児　：「お待たせいたしました。これから，クマのクマ君が歌います」

　その様子を見ていたF児も犬のぬいぐるみを持ってきて，二人で劇ごっこが始まった。いつも大人しく，あまり友達と関わることのないR児が，

R児　：「ねぇ『動物劇場』はどう？　みんなぬいぐるみ持ってきてさ，みんなで散歩に行く劇をしたらどう？」

K児・F児：「いいね！　いいね！」

K児　：「私はウサギにする」

F児　：「私は，何にしようかな？　お人形でもいい？」

R児　：しばらく考えて「いいんじゃない。ぼくはライオンになるよ」R児は両手，両足を床について，ライオンのまねをしている。

B児　：「ぼくは，チケットとお土産つくるね」

R児　：「ぼくは，初めにお話をする人になるね。みなさんこんにちは。これから動物のお散歩の劇をやります。最後までご覧ください。これでいいかな？」

K児　：「いいよ。いいよ」

F児　：「でも，どんな動物が出てくるのか，説明した方がいいよ。最後にお土産がありますから，最後まで見てくださいって言った方がいいよ」

　年中組の「動物劇場」が始まった。R児はトイレットペーパーの芯でマイクをつくり，始まりの言葉を何度も練習している。その様子を見た学級の子どもたちが，R児にいろいろな意見を出している。R児は緊張していたが，同学年ではない友達の前で話すことに喜びを感じている。R児にとって，年長組のナレーターの係の幼児は憧れの存在である。

　数日間，年中組の「動物劇場」が行われた。毎回ストーリーが変わり，登場するぬいぐるみ，動物役の幼児も変わっているが，それぞれ台詞を考え，ストーリーを考えることで，次第に「動物劇場」らしくなっていった。

　年長組の劇場ごっこを参観し，刺激を受け始まった「動物劇場」だが，見に来てくれた人にどのようにしたら伝わるか，台詞を言うときには，誰が言っているかがわかるように一歩前に出た方がいい，最後はみんなで前に出て歌い，何の動

物になったかを言おうなど，自分たちの経験を生かし，最後まで楽しんでいた。

「動物劇場」ごっこを通じて，人前で話すことで，聞いてもらえるうれしさ，劇を行う楽しさ，最後までお客さんがいてくれたことで，満足感を十分に味わうことができた。この経験が，保護者の保育参加，年長組のお別れ会などに生かされた。

次は運動会で年長組がリレーを行うことになった事例である。学級を二つのグループに分け，競い合うことにした。走ることが得意なＡ児は気の合う友達に声をかけ，グループをつくった。Ａ児のグループには走ることの得意な子どもたちが集まった。数日間リレーを行った。いつも勝つのはＡ児のグループばかりだった。

【事例 19-1　「リレーやめた」　3 年保育 5 歳児】

Ｃ児が「もうリレーやめた」と保育者に訴えてきた。Ｃ児の言葉を聞いて，何人かの子どもたちも「やりたくない」と言ってきた。

保育者：「Ｃちゃんどうしたの？　どうしてやりたくないの？」

Ｃ児　：「だって，勝てないから」

保育者：「Ｃちゃんはいつも一生懸命走ってるのに，勝てないの？」

Ｃ児　：「だって，Ａちゃんのチームばっかりだから」

保育者：「どうしてＡちゃんのチームばっかりなんだろうね？」

Ｃ児　：「だって，いつもＡちゃんのチーム勝つから」

担任保育者：「同じチームのお友達と勝つための相談した？」

Ｃ児・Ｆ児：「してないよ。だって勝てないんだもん」

その後，担任は学級の子どもたちを集め，Ａ児のグループにＣ児や何人かの友達がリレーをやめたいと言ってきたことを伝えた。

【事例 19-2　「やっぱり勝ちたいよ」　3 年保育 5 歳児】

保育者：「Ｃちゃん，どうしてリレーやめるの？　みんなに話して」

Ｃ児　：「だって，Ａちゃんのグループばっかり勝ってるから」

Ａ児　：「Ｃちゃんのグループも速く走る練習したら」

Ｃ児　：「違うよ。練習しても勝てないんだよ」

Ｆ児　：「ぼくもやりたくない」

Ｈ児　：「私も」

Ｃ児のチームの子どもたちが次々とやりたくないと言い始めた。

保育者：「勝ちたいよね。どうしたらいいかな？」

Ｈ児　：「Ａちゃんのチームは速い子ばっかりで，私たちが一生懸命走っても追いつかないからずるいよ」

　A児の「どうしても勝ちたい」という思いと，C児の「リレーはやりたいけど負けてばかりだからやりたくない」という二人の思いを学級の友達は理解し，この後，チーム分けをどのようにしたらよいかという話し合いになった。

　F児の提案で，気の合う友達でチームをつくるのではなく，毎日くじ引きでチームを決めることになった。

　5歳児の9月でも，自分の思いを友達にわかるように話をすることは難しい。

　この事例のように，学級全体で取り組むリレーでは，「勝ちたい」という思いはどの子も一緒だが，C児が「やりたくない」と言ったことから，みんなが勝てるようなチーム分けをするにはどうしたらよいかという話し合いになり，くじ引きという案が出て，全員納得してリレーを楽しめるようになった。

　保育者はC児の「やりたくない」の言葉を受け止め，学級全体の問題として子どもたちに投げかけている。C児の「やりたくない」にはどのような思いがあるのか，保育者は丁寧に聞き出し，学級の子どもたちに伝えている。

　自分の思いをわかるように伝えるには，友達の言葉を聞くことが前提である。

　学級や友達同士で問題が起きたときには，自分の思いが相手に伝わるように丁寧に関わることが保育者の役割である。

　自分の思いを相手にわかりやすく伝えることの基本は，ほかの友達などの話を興味や関心をもって聞くことである。保育のいろいろな場面で，子どもたちは自分の思いを言葉や行動で表している。とくに，いざこざやけんかの場面などは，十分に言葉で表すことができない場合が多い。自分の思いを相手に，また，周りにいる友達にわかるように伝えることは難しい。幼児がいろいろな場面で自分の言葉で伝え合う機会を多くもち，相手の思いをよく聞き，自分の思いを言葉でわかりやすく伝え，相手にわかってもらえた喜びやうれしさを十分感じることが必要だと思われる。保育者は子どもたちの遊びや生活の場面を捉え，必要に応じて，場や時間を確保し伝え合う喜びを味わえるような環境を整える必要がある。

⑤　生活の中で必要な言葉

　幼児は日々の家庭生活や園生活の中で，たくさんの物事を見たり，聞いたり，様々な刺激を受けながら，他者との言葉のやり取りをして日々生活をしている。その中で必要不可欠なのが言葉である。経験したことや考えたことを自分なりの言葉で表現し，また相手が表現した言葉を聞こうとする意欲や態度を育てる必要がある。そのためには言葉に対する感覚や言葉の表現力を養う環境，すなわち「自分の気持ちを聞いて受け止めてくれる人がいる」という安心感や信頼関係を築くことが基本である。言葉は，身近な人と親しみをもって接し，安心した状況によって，豊かに表現することができるようになるため，保護者や保育者等の身近な大人との関係が重要である。

○誰にでも理解される言葉

　保育所や幼稚園，認定こども園による集団生活の中で，子どもにとって友達や保育者の存在は大きく，自分の思いを伝えたい，そして理解してほしいと思う。しかし入園して間もない子どもが話すのは，家族の中だけで通用する言葉である。子どもは家庭での意思疎通が成立しているので，園でも家族と同じように一方的に話す。そして友達が家族のように自分を理解して受け入れてくれると思って話しかける。しかし，自分の言葉が相手に理解されないことも多いため，戸惑うことも多く見られる。その中で，日々の園生活で必要な言葉があることや，それぞれに応じて使い分けることの大切さを学んでいく。毎日の園生活の体験の中で，様々な場面に応じた言葉の習得は，それぞれの場面ごとに日々実際に言葉を交わしながら体験し，「もっと話したい」と思うことで，さらに進んでいく。

　保育者として一番大切なことは，子どもたちの気持ちを汲み取ることである。家族構成，保護者の考え，発達の個人差等それぞれの状況の中で育ってきた子どもたちを，個々に受け止めながら，生活に密着した中で，場面に応じて言葉を使っていくことが大切である。ときには，失敗や成功した気持ちを友達や保育者とともに心に響かせる。この経験を重ね，活用することができる保育が大切である。

【事例20　その子だけの言葉　3歳児4月初旬】

　お弁当の時間に，A児は食べ終わり，絵本を見ながら全体が終わるのを待っている。すると急に絵本を見るのをやめた。

担任：「なぜ絵本を見るのをやめちゃったの？　どこかが痛いの？」

A児：「チーコちゃん」と小さな声で言った。

担任：「絵本をちひろちゃんと見たかったの？」

　A児は大きく首を横に振る。

担任は予測できる事柄をいろいろと聞いて，A児の気持ちを汲み取ろうとしたがよくわからない。A児はお弁当が終了すると即座に席を立って，保育室から出てトイレに行った。担任は，そこで初めてA児が発していた「チーコちゃん」とはトイレのことであったことがわかった。その後，

担任：「チーコちゃんはトイレのことだったの？」

A児：「うん」

その日の降園時に，母親に今日の報告とともに「チーコちゃん」の言葉の確認をすると，トイレットトレーニング中にトイレで毎回母親が「チー，チー，チッコちゃん出てきて，出てきて」と声かけをしながら入っていたので，次第にトイレをチーコちゃんと呼ぶようになったと話してくれた。その後は，A児が発する「チーコちゃん」の言葉を否定せずに受け止め「トイレ行きたいのね」と誰にでもわかる言葉を重ねて言うようにした。そのことでA児はトイレの正式名がわかり，友達や保育者に理解されるだけではなく，友達が「トイレ」と発する意味も理解できるようになって，コミュニケーションがとれるように成長した。

① 家庭と集団生活での言葉の違いに気づく

入園前は，家庭では子どもに合わせた生活を送っているが，園では様々な経験をした子どもと集団生活をする。その中で誰にでも伝わる言葉での意思の伝達が必要となる。子どもは，初めは家庭での表現で伝わると思いそのまま使っているが，園生活での会話の中で家庭の言葉と集団生活の中での言葉の違いに気づいていく。

② 集団生活の中の言葉を活用しながら，使えるようになる

ときには保育者の援助を受けながら話していくうちに，誰にでも伝わる言葉を活用できるようになる。

「援助の方法」としては，次のようなことがあげられる。

・子どもが自分の気持ちを自由に発信できる環境を整える。

子どもは，自分の思いや気持ちを人に伝えたいと思う。その気持ちを保育者はまず受け止める。

・子どもの伝えたいことを探る。

理解できないときは，前後の言葉や行動から推測し，言葉を交わして確認して，子どもの伝えたいことを汲み取る。

・家庭の言葉を知る。

保護者からも情報を得て，子どもが何を伝えたいのか理解して受け止める。

・新しい言葉をのせる。

子どもが発した言葉を否定せずに，集団生活での言葉を重ねていきながら，新

しい言葉につなげる。

・家庭と共有する。

　家庭でも集団生活での言葉を使う経験をし，伝わった喜びを増やす。

・集団生活にふさわしい言葉を経験の中から子どもと考える。

　会話は一方通行ではないので，コミュニケーションの楽しさとともに，相手の気持ちを考える大切さも経験の中から子どもと一緒に考える。

　○園生活ならではの言葉

　園生活には，家庭では使わない言葉もある。たとえば「園長先生」「先生」「○○組」「給食」「ホール」「みなさん」「集まります」「順番」「貸して」「いいよ」などである。園生活は同年齢や異年齢の友達，そして保育者との生活なので，当然家庭とは違い，少数の人だけに伝わる言葉ではなく，誰にでも理解される言葉が必要となる。

【事例21　「『貸して』って言うんだよ」　3歳児4月】

　　M児は朝の身支度を済ませ，砂場に走って行くと，そこで遊んでいるS児のバケツを取ろうとした。

S児：「これぼくが使ってるの」

年長のT児：「貸してって言うんだよ」とM児に言う。

M児：「貸して」とS児に言う。

S児：「いいよ」とバケツをM児に渡す。

　その後，M児は「貸して」と「いいよ」がセットであると理解し，自分が使い始めたばかりでも「貸して」と言われると，悲しそうに「いいよ」と答えている。そこで保育者が「今使ったばかりだから少し待ってて」と代弁して，別の伝え方も使えるようにしていった。

　園生活では自分の自由にはならないこともあり，使いたいときは「貸して」の言葉が必要であることを知った。そして「貸して」に対して「いいよ」の言葉が返ってきた喜びを感じた。

　「援助の方法」として次のことがあげられる。

①集団生活には，家庭では経験しない体験や言葉があることを遊びの中の体験から知り，その学びの機会を見逃さないようにしていく。

②自分の気持ちを言葉や行動で表現できるか，個々の成長を見ながら，援助していく。

③子どもたちの気持ちを置き去りにしての指導にならないようにする。

【事例 22 「ごめんね」 5歳児6月】

　年長児のきりん組は，秋の運動会に向けてクラス対抗リレーの練習をしていた。リレーは年長だけの競技なので，1学期から「優勝したい！」という気持ちが高まっている。そこで自由な遊びでも練習をしようということになった。リレーを始めるには，チーム分けと走る順番を決め，先頭の走者にはバトンが渡される。Y児とR児は，普段保育者が行うこの動きをやりたくて，バトンを持とうと競った。初めにバトンを手にしたのはR児だったが，Y児が取り上げた。

R児：「初めにバトンを持ったのはぼくだから，チーム決めはぼくがやるんだよ」

Y児：「誰が初めに持った人がチームをつくるって決めたんだよ。ぼくがチームをつくるってお弁当を食べているときから思っていたのに」

R児：「ぼくだってそうさ。ぼくなんてお弁当を食べる前から決めていたさ」

U児：「ねぇ，けんかしていたらお帰りの時間になっちゃうよ。早くやろうよ」

K児：「練習しないと運動会で優勝できないよ」

　でもR児とY児の言い争いは終らずに，にらみ合ったままだった。

S児：「じゃあ，じゃんけんすればいいんじゃない？　でもさぁ，人が持ってるものを黙って横取りしたYちゃんが悪いと思うな」

　周囲の友達も同感の態度を表した。

Y児：「ご・め・ん・ね」

　とても強い口調でR児の顔も見ずに言った。

R児：「そんな言い方じゃいやだ」

Y児：「じゃあいい，ぼくリレーやらないから」とほかの遊具へ走っていってしまった。

　子どもたちはこの出来事を担任に話し，担任は，この話をクラス全体で話し合った。

担任：「YちゃんはなぜRちゃんのバトンを取ったの？」

Y児：「Rちゃんが初めにバトンを持った子がチーム決めをする！　って言うから，ぼくも決めたかったんだ。誰も初めにバトンを持った子が決められるなんて言ってないのにさ」

担任：「Rちゃんはどう思っていた？」

R児：「前，リレーをやったときは，初めにバトンを持った子が決めたんだもん」

担任：「みんなは，ほかの日にリレーの練習をするときはどうやってるのかな？」

U児：「決めたい子が一人ならその子が決めるし，何人もいるときはじゃんけんとかしてる」

担任：「なぜけんかになったのかな？」

S児：「Yちゃんが何も言わずにいきなりRちゃんのバトンを取ったから」

Y児：「ぼく謝ったもん，それなのにRちゃんは許してくれなかったんだよ」

R児：「あんな言い方は嫌だった」

担任：「どんな言い方で謝ったの？」

Y児：「……」

S児：「滑り台の方を見ながら『ご・め・ん・ね』って言った。やさしい言い方じゃ
　　　　なかった」

担任：「そうなの？　Yちゃん」

Y児：「うん」

担任：「もし自分が強い言い方で謝られたらどんな気持ちになるかな？」

子どもたち：「嫌な気持ち」「悲しくなる」「許したくない」と口々に言う。

担任：「Yちゃんは？」

Y児：「ぼくも嫌だ」

担任：「Yちゃんは，あのとき本当はどうしたかったの？」

Y児：「みんなとリレーの練習を早くやりたかった」

担任：「そっか，きりん組が優勝したいって言っていたものね。せっかく謝ったのに
　　　　もったいなかったね。今はどんな気持ち？」

Y児：「やさしく謝りたい」

担任：「そうなんだ，それならもう一度謝ってみる？」

Y児：「ごめんなさい」（やさしく）

R児：「いいよ，ぼくも初めにバトンを持った子がチームを決めるって相談しないで
　　　　決めてごめんね」

Y児：「いいよ」

　クラス全体が笑顔になって，翌日からリレーの練習は再開された。

　集団生活をしていると家庭では経験しないトラブルを経験し，その中でトラブルの本人はもちろん，周囲の子どもたちもたくさんのことを学んで成長している。トラブルが起きた際は，謝って許し合うことは大切だが，「本当にごめんなさい」という心の現れの言葉や解決へ向かう言葉が大切であることを知る。

　「援助の方法」としては，次のことがあげられる。

①保育者は，トラブルの解決を，謝罪した，しないで評価するのではなく，そのときの子どもたちの気持ちを大切にする。

②解決を急ぎ，保育者が誘導しない。

③子どもたち同士が話し合える年齢なのか，その話し合いにどこまで手を差し伸べ，どこを見守るかを見極める。

　友達や保育者からの影響はとても大きい。ときには自分の中では思いつかなかったことを言葉を使ってやり取りすることで，新たな発見がうまれて，子どもたちの世界が広まる。日常生活の中で言葉の獲得をしていく中に「生活に必要な言葉」がある。

④日常生活に必要な言葉がわかるようになるとともに，言葉に対する感情を豊かにして，保育者や友達と心を通わせることが大切である。

　言葉の指導は，各領域の相互関係の中で，具体的活動を通して総合的になされるものである。つまり，領域的に活動が存在するのではなく，言い換えれば，言葉の指導を独立して行うものではない。では，子どもたちはどのように言葉を獲得し，保育者はどのように援助すればよいのであろうか。子どもたちが日々の園生活や家庭生活，社会生活において，たくさんの人々との関わりの中で，経験したことや考えたこと，感じたことを自分なりに言葉で表現したり，相手が伝えたいと思うことを投げかけてきた言葉から聞こうとする意欲や態度を育み，言葉に対する感覚や言葉による表現力を養うことが大切である。

6　挨　拶

　子どもたちは，入園前から家庭において「おはよう」から始まり，「いただきます」「ごちそうさま」「おやすみなさい」と家庭生活の時々に合わせて家族と挨拶を交わしている。しかし，ときには挨拶ができなかったり，保護者から「朝起きたらおはようって言うのよ」と言われたから実行しているという子どもも多いのではないだろうか。挨拶は，相手との関係の中で交わされる言葉である。人は社会生活において一人で生きてはおらず，常に家族や親戚，友達，先生，近所の人々等とつながりをもって生活をしている。挨拶とは自分と相手とが気持ちよく過ごすためのものであり，自分と周囲の人がつながるために何かの発信をして，相手からも発信をしてもらって，その積み重ねによって互いの理解が深まるものである。これがコミュニケーションとなり，深いつながりへと進展していく。

> **【事例23　おはようの挨拶　3歳児5月】**
> 　1年生の姉と二人姉弟のA児は，4月の入園後，毎日泣かずに園門から保護者に手を引かれて登園してくる。担任は保育室の前のテラスで手を広げて子どもたちを出迎える。他児は担任にギュッと抱きしめてもらいながら挨拶をしている。A児も担任との挨拶の順番を保護者と待ちながら，友達が担任と挨拶している姿も見ている。A児の順番になると，急にA児は保護者の後ろに隠れてしまった。
> 担任：「あれっ，Aちゃんがいたはずだけど，どこに行っちゃったのかしら？　Aちゃん」
> と探す真似をしたが，状況は変わらない。担任が再度A児に声をかけたところ，母親の後ろから担任を横切り下駄箱へ走っていき，上履きに履き替えて保育室に入ってしまった。
> 母親：「私が一緒だから挨拶をしないのでしょうかね？」
> とときには父親が来る日もあった。しかし状況は変わらない。
> 担任：「一日のスタートでもあるし，朝の挨拶が負担になって，登園したくなくなる

のは避けたいので，泣かずに登園してくることを褒めて様子を見ていきましょう」と母親と話した。クラスの子どもたちは，このようなＡ児の姿を見ていた。

　４月の中旬の土曜日登園。いつものように担任との挨拶とギュッが行われて，それを楽しみに子どもたちは園門から走ってきた。その日もＡ児はいつものように保護者に手を引かれ登園してきた。しかしいつもと違うのが，この日は土曜日で，小学校が休みのためにお姉ちゃんも一緒の登園だった。Ａ児は昨日と同じように担任との挨拶はせずに入室してしまった。それを見ていたお姉ちゃんが，

姉　　：「Ａちゃんとおうちで幼稚園ごっこをしたときに，私が先生になってＡちゃんが子どもで，今みたいに朝のご挨拶をやったの。私は幼稚園のときに，先生との朝の挨拶とギュッが大好きだったんだ。Ａちゃんだって自分から『朝のギュッやろうよ』って言ったんだよ。だからやったの。そしたらＡちゃん『おはようございます』なのに間違えて『いってきま〜す』って大きな声で言っちゃってさ，私おかしくて笑っちゃったんだ。そしたらＡちゃんが急に泣き出して『もう幼稚園ごっこやめる』って，しばらく口を利いてくれなかったの」と話し始めた。

　その話を聞いて，

母親：「それっていつのこと？」

姉　　：「う〜ん春休みかな？」と答えた。そして，

姉　　：「幼稚園で間違えたら，お友達も見ているんだから笑われちゃうからね。朝のギュッは『おはようございます』だからね，って話したんだ」と付け加えた。

　担任と母親は，「Ａちゃんはもしかしたらお姉ちゃんが通っていた頃は，『４月からはぼくの番だ』と楽しみにしていたが，この出来事がきっかけで朝の挨拶やギュッで『また挨拶を間違えたらどうしよう…』と不安になったのではないでしょうか」と話した。正解はＡ児しか知らないことだが，その原因をＡ児に今聞いて，さらに緊張を与えてはいけないということで，しばらくは泣かずに休まず登園してくることを褒めることと，お姉ちゃんは，春休みのことを今後は話題にしないことを決めた。

　その後，５月の連休が過ぎた頃，在園児と担任による毎日の登園時での朝の挨拶とギュッは変わらずに行われた。担任は今日もＡ児は連休前と同じであることを想定して，でも担任からはいつも通り声かけをしようと決め，数人の学級の子どもたちと順番に挨拶を交わしていると，

Ａ児：「おはようございます」と自ら大きな声で言い，担任の手の中に飛び込んできた。担任も保護者もうれしさと驚きがあったが，あえて大げさには捉えずに，

担任：「Ａちゃんおはよう，待ってたよ。今日もみんなでい〜っぱい遊びましょうね」と力強くギュッをした。

母親：「Ａは幼稚園が休みのためにいつもより遅くまで寝ていて，父親は仕事に行くので，Ａを待たずに朝食を食べようとしていたとき，Ａが起きて来ました。

父親は間違えてAに『いただきます』と言ってしまい，家族で大笑いになったんです。そしてお姉ちゃんが『パパでも挨拶を間違えるんだね。幼稚園ごっこをしたときのAちゃんと同じだね』と言うと父親は『パパだって間違えることは何度もあるさ。間違えたら「ごめんなさい」を言って，すぐに言い直せばいいのさ。誰だって挨拶を間違えることはあるんだから』と話したんです」と教えてくださった。

　担任と母親は，今まで入園したばかりで緊張がある中，朝の挨拶を言い間違えた経験から「先生や友達の前でまた間違えたらどうしよう」と心配だったのではないかと話した。この日までA児がテラスでの朝の挨拶をしていないのを周囲の子どもたちは知っていたので，この日挨拶ができたことを見て，

友達：「先生，Aちゃんがさっきおはようって言ったね」
　　　「言えるんだね」
　　　「すごいね」

などと，この出来事はA児だけのことではなく，学級の子どもたちにも広がり，「おはようございます」と挨拶を交わす気持ちよさや人との距離感，朝の始まりの気持ちを引き出していたことを物語っていた。

　A児は，入園前から，お姉ちゃんに付き添って幼稚園に来ていて，4月になるのをとても楽しみにしていたので，A児は誰よりも担任と挨拶がしたかったのではないか。A児に限らず，朝のテラスでの挨拶は一日のスタートで，子どもからすれば「今日も元気に登園してきたよ」「今日の園生活が楽しみ」「先生が大好き」「先生は私が好きですか？」の主張と確認をし合う言葉であったと思われる。A児もこの主張をしたかったのではないだろうか。また，この主張を交わしている友達を見ると，「自分にもできるだろうか…」「失敗したら笑われる」と思う張り詰めた気持ちが「失敗するからやらない」になってしまったと予想される。しかし登園してすぐに保育室に入らずに，母親の陰から友達が挨拶をするのを見ていたのは，参加したい気持ちと挨拶に含まれているサインを無言で発信していたのではないかと思われる。挨拶とは，人間同士の関わりの場をつくるきっかけの言葉になっていると感じた。

①　挨拶がコミュニケーションのきっかけになる

　A児にとり登園時の始めに行う朝の挨拶は，一日のスタートで，一日を左右する大きなことだった。そのスタートだからこそ担任と挨拶を交わしたい気持ちがあった。それだけ挨拶は人とのつながりの重要な役割を担っている。

②　間違えることは恥ずかしいことではない

　挨拶は正確に言えることばかりにとらわれるのではなく，その言葉に込められている心のつながりを大切にしたい。

③　挨拶は心のつながり

　朝の挨拶が言えてからは，朝の身支度から園生活のリズムに乗れるようになり，自主的に行動ができるようになった。

「援助の方法」としては，

①　言葉にする挨拶にとらわれない

　言葉で挨拶することを正しい挨拶として追求し，挨拶をさせるのではなく，大切なのは，挨拶の裏に込められている心の声を汲み取ることである。

②　挨拶は心と心の会話

　挨拶したくなる信頼関係と環境を大切にする。

③　挨拶はコミュニケーションの入り口

　安心感から生まれた挨拶よりコミュニケーションを重ねて，自主性を育む。

【事例24　食事の挨拶　3歳児9月】

　年少組も5月の連休明けからお弁当が始まる。お弁当の時間になるとトイレ，手洗いを済ませ，席について準備をする。全員の準備が終わると，担任のピアノに合わせてお弁当の歌を歌う。そして子どもたちが「いただきます」を言って，それを受けて担任が「めしあがれ」と言い，食べ始める。初日は，全員が揃うのを待てずに弁当箱のふたを開けてしまう子どももいるが，担任が「友達とみんなで一緒にご挨拶をしてから食べようね」と声をかけることで，揃って「いただきます」の挨拶を待つことができるようになっていく。一方K児は，お弁当の準備も担当の保育者にほぼ手伝ってもらい，弁当箱が机に出てくると食べようとする姿があった。「みんなと一緒に食べようね」と保育者が開けたふたをまた閉めることを何度も繰り返していた。初めの頃はすぐに食べられないことに怒り出して大声を発して自己主張をしていたが，「いただきますがまだだから，もう少し待ってね」や「食べたいよね。いただきますをしてからね」と言葉かけを繰り返していると，次第に待つことができるようになっていった。

○挨拶は一日の流れの切り替え

　挨拶とは行動の区切りでもある。「いただきます」を言うことはこれからお弁当を食べる合図で，「ごちそうさまでした」は，食べ終わりましたの合図である。

食べ物に感謝しましょうという行動と気持ちに区切りがつく言葉である。

「援助の方法」としては，

①生活リズムを切り替える。

　　一日の生活の中に挨拶を入れながら，言葉とともに次の活動を知らせていく。

②挨拶ができたことを褒める。

　　挨拶の重要性を保育の中で経験しながら体験し，挨拶ができた喜び，挨拶されたうれしさも大切にする。

③挨拶と挨拶に伴う行動を合わせて経験できるように援助する。

④できるようになることを急がずに，子どもの気持ちを大切にしながら経験を繰り返していく。

⑤挨拶に合った行動ができた際には，たくさん褒めて，できた喜びを共感しながら援助する。

⑥園生活の様子を保護者にも伝え，保護者からも家庭での様子を聞きながら，家庭と園とが連携をしていく。

【事例 25　いろいろな挨拶　4 歳児 5 月】

　　K園では，当番活動を年少・年中・年長と仕事の内容を変えながら行っている。年少は 2 月後半（生活発表会終了時頃）から取り入れて，年少の初めは，学級全員で事務所に欠席報告に行き，経験を積むことで人数を減らして，最終的には女児 1 名男児 1 名で組んで行っている。子どもたちは当番の順番が来るのを楽しみにしており，当番バッジを一日つけられることと担任から仕事を頼まれることを楽しんでいる。欠席人数の報告は，学年が上がるごとに報告内容が多くなり，年少児は「朝の挨拶・クラス名・今日の男女別の欠席数・自分の名前」を言うことになっていた。M児は年少組が当番を取り入れてからは，当番ではない日でも，毎日事務所に来るようになり，欠席報告をしては，当番の順番が来るのを楽しみにしていた。

　　ある日，M児がお弁当後に事務所へ来ているとき，年長児の当番が来た。

年長：「こんにちは，○○組です。今日のお休みは…」と言い始める。

M児：「違うよ！」と大きな声で言う。

　　後から理由を聞くと，当番の欠席報告の挨拶は「おはようございます」が正しいと話してくれた。

　　M児は，挨拶の大切さを知っていて，登園時には担任だけではなく，全保育者に積極的に挨拶ができる。しかし，挨拶には「朝はおはようございます」「午後はこんにちは」「夜はこんばんは」という違いがあることを知らなかった。朝の挨拶，昼の挨拶，夜の挨拶と今を意識して発することで，一日の流れの区切りに対応している。子どもたちは，「おはようございます」「こんばんは」「おやすみ

なさい」など生活の中で使い分けるようになっていくが，季節感のある「暑いですね」「寒くなりましたね」や相手の様子を伺う「お元気ですか」「その後はいかがですか」などは難しい。

❍ 様々な挨拶があることを知る

一日の生活の中には，時間の経過とともに様々な挨拶があることに気づく。気づいて，わかったことを行動に移す。

「援助の方法」としては，

①保育者が手本を示しながら，時間や状況に応じて，様々な挨拶があることを伝え，体験していく。

②ときには保育者ばかりでなく，異年齢の子どもたちの行動や会話の中からも学べる環境を構成する。

③子どもたち自ら発見や疑問を引き出して，一緒に考える。

子どもは，家庭だけで生活していたときは，ある程度家族が本人に合わせてくれる生活をしている。兄や姉，弟妹がいても園生活に比べれば，自己主張が通りやすい。一方園生活は，家庭よりも人数が多く，年齢も違うので，思い通りにならないことや，我慢しなければならないことが多くなる。その中で，自分の気持ちを主張して，知ってもらいたい，受け入れてもらいたい心が，初めは手が出たり，割り込んだり，おもちゃを取り上げたりといった行動だけで主張される。そこに保育者が間に入りながら適切な言葉を入れることで「自分の思いを知ってもらえる言葉」に出会い，使えるようになっていく。保育者は，その実践ができる大切な環境を体験する前に奪わないように，またときには意図的に設定することも必要である。集団生活とは，言葉が未熟な子どもたちが，自分の思いを膨らませ，それを主張する言葉を覚え，実行する場である。その入り口になるのが「挨拶」である。

7 言葉の楽しさや美しさ

幼児は，うれしいことや楽しいことがあると，それを保育者や友達に伝えたくなる。心を揺さぶられる体験をすると，わかってもらいたい，共有したいという気持ちが生まれる。それを幼児なりに言葉を使って表現する。ここでは，幼児ならではの豊かな感性がみてとれる事例をいくつか記してみる。

❍ 気持ちが動いて発した言葉

【事例26 「わたしもお空をとびたいな」 3歳児5月】
園庭の空でたなびくこいのぼりを見て，3歳児が，
「お口を開けて風を食べてとんでるね」
「わたしもお空をとびたいな」

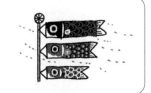

青い空に大きなこいのぼりが風をうけて泳いでいる。この幼児は，その様子を真下から見る経験は初めてなのかもしれない。大きな円形のくちの中に風が入るとこいのぼりは大きくたなびき，空を泳ぐ姿を見て幼児はこの言葉を発していた。

　「わたしもお空をとびたいな」。ダイナミックに空を泳ぐ様子に，思わず自分も飛びたくなったのだろう。

【事例27 「やったよ！　凧，あがったよ！」 3歳児10月】

　園庭で凧あげをしている3歳児。高く手を上げて風を受けようとしている。

　しかしその日は風のあまりない日で，凧はすぐに落ちてしまう。

　「あっ，そうだ！」

　幼児はそう言うと，急にすべり台の踊り場に駆け上り，踊り場で手を上げると，風が吹いて凧が高くたなびく。

　「やった！　凧，あがったよ！」

　この幼児はすべり台が大好きで，何度も繰り返し遊んだ体験がある。踊り場に立つと，園庭よりも強く風を受けることを身体で覚えていたのだろう。「どこだと風が吹くかな？」を記憶から，「すべり台の踊り場」を思い出し自分から行動している。「凧，あがったよ！」という本児のうれしさが保育者にも伝わってきた。

○リズムが心地よい言葉

【事例28　お弁当の時間　3歳児】

A児：「トマトはいっているひと，てをあげて」

他の幼児：「はーい」

B児：「たまごはいっているひと，てをあげて」

他の幼児：「はーい」

　繰り返して楽しんでいる。

　「○○はいっているひと，てをあげて」はリズムがよく，幼児にとって覚えやすいセンテンスだ。自分のお弁当を見ながら，入っている食材の名称をリズムよく歌う。これはお弁当の時間に毎年見られる光景で，幼児にとって親しみやすいリズムなのだろう。うれしいお弁当の時間ということで，この言葉が生まれている。

【事例29 「いちばーん！」 4歳児9月】

　運動会が近くなり，園庭でかけっこが始まった。

　友達と「よーい」のポーズをとると，「よーい，どん」のかけ声で走り出し，一人の男児が最初にゴールにつくと，

　「ぼく！　いちばーん！」

　　それから何度も挑戦し，女児も
　　「いちばーん！」
　　と声をだしてゴールした喜びを表していた。

　勝ち負けの楽しさを感じる 4 歳児。負けることもあるので，勝ったときの喜び
は大きい。「いちばーん」と発することで，勝った自分を主張している。
　面白いことに「にばーん」とは言わない。一番が大好き，一番の自分を主張し，
一番である自分に優越感を感じている。

　○ 挨拶の意味

【事例 30　「おはよう」「いただきます」…　3，4，5 歳児　毎日の生活の中で】
　朝の登園時。「おはようございます」の挨拶。今日は何をして遊ぼうかなとワクワ
クしている幼児の気持ちが伝わってくる。
　お弁当のとき，みんなで一緒に「いただきます」「ごちそうさま」。楽しいお弁当の
時間を共有する言葉。
　降園時の「さようなら」。一日楽しかったね。また明日ね。
　「ありがとう」「ごめんね」。この一言で，気持ちがほぐれ，友達との関係が深まる。

　挨拶は，人と人とをつなげる言葉。定例的な言葉と捉えられがちだが，日々の
生活の中で大事な言葉である。とくに「いただきます」「ごちそうさま」は，命
を支える食とそれを生み出す恵みへの感謝を表した日本語独自の言葉でもある。
　挨拶は気持ちのこもった美しい言葉である。保育者も，幼児のモデルとなれる
ように気持ちをこめての挨拶を心がけていきたい。

　○ 動植物との触れ合い

【事例 31　「ふしぎ？」「あっ，すごい！」　3，4 歳児　つぶやき？!】
　うさぎに触れて，「ふわふわだね」「あつくないかな」
　元気に泳いでいるメダカを見て，「メダカさーん。こっちにきて」
　土の中にいるカブトムシについて保育者に説明。「カブトムシは土の中で寝てるけ
ど，寝て大きくなるんだよ」
　赤いトマトを見て，「なぜ黄緑が赤になるの？　なんで色がかわるのかな？」
　花を使っての色水遊びをしながら，「花っていろいろな色があるから…ふしぎ？」
　赤の色水と青の色水を混ぜると，「あっ，すごい！　色がかわったよ」

　幼児は好奇心のかたまりともいえる存在だ。幼稚園の様々な生き物や植物に興
味をもち，触れ合い，感じたことを素直に言葉や身振りで表現しようとする。心
が動き，不思議だなぁと感じたときの幼児の言葉は保育者の心を和ませる。

絵本の中で使われている楽しい・美しい言葉

〈１〉『しろくまちゃんのほっとけーき』　わかやま　けん　／こぐま社

ほっとけーきが焼ける場面の特徴的な擬音に注目したい。

「ぽたあん　どろどろ　ぴちぴちぴち　ぷつぷつ」

フライパンに生地が落とされ，どろどろだった生地が焼けていくにつれて固まり，だんだんほっとけーきになっていく様子が音を用いて表現されている。

　幼児はこの言葉にリズムをつけて繰り返し読誦し，このシーンを実感的に捉えようとしている。だんだん形になっていくほっとけーきを想像したり，その匂いを思い出したりする。

〈２〉『わたしのワンピース』　にしまき　かやこ　／こぐま社

　主人公のうさぎが着ているワンピースの柄が次々と変化していく中で，繰り返し表現されるこの言葉を幼児は大好きだ。

「ラララン　ロロロン　〇〇もようの　ワンピース」

　ページをめくりながら絵本の次の展開をイメージし，それが思った通りになると自分の予想が的中したことに喜んでこの言葉を繰り返しつぶやく。

　散歩するうちに次々と変わっていく「うさぎのワンピース」の絵を見返しながら，言葉のリズムと一緒に絵本を楽しんでいる。

〈３〉『てぶくろ』（ウクライナ民話）　エウゲーニー・Ｍ・ラチョフ絵　／うちだ　りさこ訳　／福音館書店

「だれ，てぶくろにすんでいるのは？」「くいしんぼうねずみ。あなたは？」

「〇〇よ。わたしもいれて」「どうぞ」

　繰り返しの一連の言葉でのやり取りは，幼児のごっこ遊びでのワンシーンとも重なる。幼児はこの絵本を読んでいるとき，「どうぞ」と言われて仲間に入れたときのうれしさを思い出し，絵本の登場人物と自分を重ねて楽しむ。

〈４〉『はなをくんくん』　文　ルース・クラウス　／絵　マーク・シーモント　／木島始　訳　／福音館書店

冬眠から目をさました動物たち。はなをくんくんさせる。

「ゆきのなかにおはながひとつさいてるぞ」

美しい絵と詩のような文で春の訪れをみんなで喜ぶシーンが印象的である。

「どうして春になると動物たちはさわいでいるんだろう。どうして喜んでいるんだろう」と疑問に思い，保護者や保育者にその理由を尋ねたりする。

　動物たちが喜んでいることを自分のことのように喜びながら，「なんで？　どうして？」という好奇心をも幼児たちに想起させている。

〈５〉『もりのおるすばん』　作　丸山　陽子　／童心社

　大きな森の中の小さなお家でお留守番をする女の子。次々と動物たちが訪ねてくる。「しずかに。しずかに」。赤ちゃんはみんなの宝物。「しずかに。しずかに」の場面で，絵本の中に入り込む。

　絵本は幼児に楽しい気持ちを味わわせることのできる大切な教材である。リズムのよい言葉を何度も繰り返し読んでもらうことで，絵本の世界に入り込むことができる。絵本がもつ世界を自分のものとし，新たな言葉の世界を広げ，語彙を増やし，表現力を身に付けていく。同時に，絵本の中の人物に共感したり次の展開を予想したりすることで，幼児の感受性や思考力の発達にも大きな役割をもつ。

◯ 言葉と感性を養う環境づくり

　幼児が感じる言葉の美しさや楽しさについて事例をあげてみたが，その言葉に耳をかたむけてみると，感じたことを率直に，素直に言葉で表現していることがわかる。

　幼児がその豊かな感性を言葉や身体を使って表現しようとするのは，周りの友達や保育者，保護者とその気持ちを共有したいからである。それには，気持ちを共有したいと思わせるような環境にしていくことが重要である。この環境とは人，場，空間など，幼児を取り囲むすべてのことを示す。そして環境を通して様々な経験がもとになり，いろいろな思いや気持ちが生まれ，言葉を使って伝えようとしていく。与えられた学習で言葉を習得するのではなく，自分から共有したい気持ちがもとになり，それが結果的に言葉の発達を促すことにつながることになる。保育者は，幼児が安心して遊びに夢中になれるような，多種多様な遊びが生まれ出るような環境をつくっていくことも大事な役割である。同時に，保育者は常に幼児の目にさらされていることを強く意識し，言葉のお手本となれるように日頃から美しい言葉やきれいな言葉を用いることも心がけなければならない。

8　イメージや言葉を豊かにする

　「イメージ」という言葉を辞書で引くと，「心の中に浮かべる姿や情景」という意味が導き出される。そこでここでは，幼児が成長するにつれて獲得していく，いろいろな言葉やイメージを紹介する。

　幼稚園教育要領における「言葉」の内容(8)では，「いろいろな体験を通じてイメージや言葉を豊かにする」とされている（文部科学省，2018）。

　幼児は過去に体験したイメージを蓄積し，それを表現する言葉を習得する過程を繰り返すことで，イメージや言葉を豊かにしていく。いくつかの事例を記して考察する。

【事例32　「くもって◯◯みたい」　3歳児5月】
　4月に入園してきた3歳児。生活の仕方にも徐々に慣れてきた5月。
　園庭の真ん中に立つと，穏やかな日差しとさわやかな風が吹いてきた。ふっと保育者が空を見上げると真っ青な空に雲が流れている。
保育者：「きれいなお空だね」

すると，一緒に空を見上げるＡ児とＢ児。空に様々な形の雲が流れている様を見て
Ａ児が，空に向かって手を上げて，指さし，

Ａ児　：「あっ！　あれ，おさかなさんみたい」

　　Ａ児の言葉を聞いたＢ児も，

Ｂ児　：「あれは，ドーナツだ」

保育者：「きれいね。いろいろな形があるね。あっ，あれはふわふわベッド」

　　３人で，しばらく空を見上げた。

　新しい園生活を過ごし始めた３歳児。保育者の「きれいなお空だね」の言葉で，
幼児は空の流れる雲に気が付いた。「おさかなさんみたい」「ドーナツだ」と雲の
形が魚やドーナツに見えたというイメージをＡ児とＢ児が各々の言葉で表現して
いる。

【事例33　電話で注文　3歳児6月】

　ままごとコーナーにいるＣ児。おもちゃの電話を耳にあてて，一人で話している。
コーナーには，誰もいない。

Ｃ児：「ピザやさんですか？　ミックスピザ一つお願いします」

Ｃ児：「はい，はい」

Ｃ児：「薄いほうがいいです。はやくもってきてください」

　おもちゃの電話なので，実際に相手の声は聞こえていないのだが，本当に会話をし
ているようだった。

　Ｃ児は，大人がピザ屋さんに電話をしている会話を聞いていたのだろう。おも
ちゃの電話で，話の途中，間を置き「はい，はい」と言葉を発しながらの様子は
本当に会話をしているかのようだった。おもちゃの電話を見て，ピザの注文のと
きの様子を思い出したのだろう。大人が話しているような言葉の表現や注文の仕
方もまねていた。

【事例34　ショーごっこ　4歳児10月】

　４歳児のＤ児，Ｅ児，Ｆ児が「アナと雪の女王」のショーを保育室の隅で踊り始め
た。ＣＤプレーヤーの使い方もわかり自分たちで音を出しながら，何度か踊るが何か
物足りない表情になる。

Ｅ児　：「舞台をつくろうよ」

Ｆ児　：「ディズニーランドでやってたよね」

Ｄ児　：「そうそう」

Ｅ児　：「ホールでやろうか？　じゃあ空いているか，見にいこう？」

　全員でホールに行くと，もう５歳児が使っていたので諦めて保育室に戻り，

D児　：「舞台はできないから，見る人の椅子をつくろう」

E児　：「そうだね。そうする？」

保育者：「うーん。良い考え！」

　　椅子を3列並べて，音を出し踊り始めた。

　　椅子を置くと，興味をもった幼児たちが座り始め，

D児　：「わたしはエルサ」

E児　：「何でも凍らせてしまうのよ」

　　椅子に座って見ているお客さんの方にステッキを振り回すと，

観客　：「キャー，キャー」

F児　：「わたしはアナ」

　　その会話を繰り返し発しながら踊っていた。

　「アナと雪の女王」ごっこは3歳児のときから楽しんでいる遊びである。3歳児のときは，役はなく個々が自由に踊るだけであったが，4歳児になると，各々で役割を決め，台詞も様々である。5歳児のショーごっこを何度か見た経験がイメージとして残っており，それをまねて舞台にしたいという思いから観客用の椅子を置こうと提案し，簡単な台詞も言いながらの踊りを共通のイメージで進めていた。観客にステッキを振ることは即興で行い，観客の反応を見つつ楽しんでいた。

【事例35　「冠はすっぽり入るの」　4歳児11月】

　　何日も使っている桃色のお花紙の冠を見て，

D児　：「これじゃ，ないんだよね」とひとり言を言っている。

保育者：「どうしたの？」

D児　：「これは冠じゃないよ。冠は頭にすっぽり入るの」

保育者：「そうか。王様の冠みたいなの？　じゃあ。どうしようか」

D児　：「それにこの輪ゴムがいやなんだよね」とうーんと考え込んでいる。

　　保育者はD児の考えが出てこないようなので，長めの縦長の色画用紙を渡す。

保育者：「これ使ってみたら？」

　　D児はこの長い紙の端をセロテープで貼り輪にして，頭にかぶる。しかし小さくて額まで入らない。

D児　：「これじゃあ。小さくてダメ。入らないよ」

保育者：「もう少し，長い紙あげようか？」

　　保育者は，既定の色画用紙を縦半分に切った紙を何枚か渡すと，D児は細長い紙を2枚つなげ，適当にセロテープで貼り輪にした。そしてかぶるが，今度は大きすぎて首まで入ってしまう。

保育者：「大きすぎたね」

貼ったセロテープを取り，少し短く切って輪にして再びかぶる。

D児　：「頭にピッタリしない」と不機嫌な表情。

　そこで，保育者はもう一度，輪を外しその紙をD児の頭に巻き，

保育者：「ちょうどよいところはどこ？　指でおさえて」

　保育者は紙をずらしつつ，ほどよいところで指を押さえるように指示をする。

D児　：「ここ！」

　その場所にセロテープを貼り，頭にかぶるとちょうどよい具合になる。

D児　：「やった！　これが冠！」

　D児は満足そうにその周りに丸くした桃色のお花紙を隙間なく貼ると，周囲全体にお花がついた冠のできあがり。

　D児はそれをかぶると，再びショーごっこに加わる。

　それから，その冠をつくりたいという幼児が増えたので，保育者は材料を準備し，つくり方は保育者やD児が教えることで自分だけの冠をつくれるようになっていった。

　D児の「これは冠じゃないよ。冠は頭にすっぽり入るの」という言葉。これは，D児の冠のイメージである。つまり，D児がイメージした冠を言葉として表現できたことになる。そしてその実現のためにD児は長い色紙を切ったり貼ったりしながら試行錯誤を重ねたが，満足するものはできない。そこで保育者がそれに合うつくり方を指導したことで，D児のイメージする冠が完成した。

　「やった！　これが冠！」できたときの喜びと達成感はD児の中にしっかりと残っていくのだろう。そしてまた新たなイメージの実現へとつながる。ほかの幼児にとってもイメージを実現しようとするD児の姿は，よいモデルになったと思われる。

【事例36　船ごっこ　5歳児7月】

　4，5人で群れて遊ぶのが楽しくなっている5歳の男児。室内や園庭を「探検だ！」と言いながら歩き回っている。

　園庭では，途中で上り棒，鉄棒やサッカーをしているが，室内ではほかの遊びを壊してばかりで，そのたびにトラブルになっていた。

　その日は，Y児は登園するとすぐにホールに行き，大型積み木付近でずっと座っている。

保育者：「何しているの？」

　Y児は黙っていた。

　しかしK児とT児が登園しホールを通ると，早速二人に声をかける。

Y児　：「みんなが乗れる船をつくって探検に行こうよ！」

K児・T児：「いいねえ」

　K児とT児は保育室で朝の支度を済ませるとホールに来る。

Y児　：「大きいのがいいよね。みんなが乗れるのがいいね」

K児　：「そうだね。大きいのがいいよ」

　積み木をつなげて，大きな長方形のような船にするが，

K児　：「四角の船はおかしいよ。前がとんがってないと」

Y児　：「そうだ！　こうしよう」

　三角の積み木を2個で大きな三角にして四角の前につけたが，その三角が小さく船の先らしくない。

K児　：「おかしいよ。それじゃ船に見えないよ」と言いながら壊し始める。

Y児　：「壊すなよ」と大きな声で怒る。

K児　：「だっておかしいよ。これじゃ」と2個の三角を足して4個で大きな三角を四角形につけると前よりも船の先らしくなる。

　Y児は不機嫌な表情だったが，K児の提案を受け入れ何も言葉は発しなかった。

K児　：「船長はこの上に乗るんだ」

　K児はその上に乗ると，Y児も上に乗ろうとして言い合いのけんかになる。

　T児はその様子を見ているが，けんかは終わらない。

T児　：「船長は順番にしようよ」

Y児　：「じゃあ。じゃんけんだ」

　3人でじゃんけんをするとT児が勝つ。T児が船長になり「しゅっぱつだ！」で船ごっこの始まり。いつのまにか船内には，H児も仲間に入っていた。

　5歳児になると友達の性格もわかっているので，言葉で伝えなくてもそれぞれのイメージを汲み取りながらの遊びができるようになる。自分が提案してつくった船の先が「船に見えない」と言われて怒っていたY児も，K児の4個の三角を用いて大きな三角にする方がかっこいいと思ったのか，その後言葉は発しておらず，K児の提案を受け入れていた。この男児たちは，積み木で四角に船をつくる際は言葉がなく，それぞれのイメージでつくっていた。女児のごっこ遊びの場合は，常に言葉で確認し進めていく傾向があるが，男児の場合は，言葉で伝えるよりも友達の動きや表情で互いを見合い，そのイメージを捉えながら進めていくことが多い。そして遊ぶ中で，イメージが違うと言葉や物を使って相手に説明し，受け入れてもらおうとする。

　このイメージを言葉で伝えることはなかなか難しいことである。しかし友達のアイデアを受け入れながら行う楽しい遊びの経験があるからこそ，意見の対立があっても，どうにか調整し実現したいと努める姿が見られる。

○幼稚園の生活や遊びの中で

「イメージは，思い浮かべようとしたとき，あらためて心のなかにつくるものではなく，過去の体験のなかでその実物についてつくられている」（中沢，1979，

12頁）と『イメージの誕生』において中沢和子が述べている。

　園には自分とは違ういろいろな幼児がいる。ほかの幼児の遊ぶことにも興味をもち，その様子を見るようになる。ときにはその子のまねや同じ行動をしたりする。3歳児が積み木を電車に見立てて遊んでいると，同じ場にいる子が，同じ積み木を見つけて電車の見立て遊びをしたりする。友達が粘土遊びをしていると，同じように粘土の場所に行き，面白そうな遊びをまねている。こうして，幼稚園で遊ぶイメージをもち始める。家庭での経験とは違う，園という新しい環境でのイメージが心の中に新たに生まれたともいえる。

　4，5歳児になると，友達のイメージにある面白い遊びに「すごいね，おもしろいね」という言葉が聞かれる。「私も入れて。やらせて」という言葉によって，遊びの楽しさを共有する喜びを感じる。このような楽しい気持ちやうれしい気持ちが，幼児たちにさらなるイメージを生ませる重要な要因となる。

　○保育者の援助と感性

　幼児は，自分とは違う友達がいることを知り，様々な他者のイメージと出会い，自分のイメージをつくり出す楽しさを感じていく。

　しかし幼児の力だけでは，形として表現していくことは難しいため，保育者がともにつくり上げていくことが重要となる。素材や遊具，場をどのように配置するかを，幼児のイメージを言葉で聞き，手伝いながらつくり上げていく。その中で，幼児自身が言葉の理解を広げ，自分のイメージを形にする楽しさや達成感も味わう。喜びや楽しさがもとになり，友達と刺激し合いながら，また新たなイメージが湧き新しい遊びが生まれていく。

　これには保育者の援助が深く関与する。幼児の年齢が小さいほど言葉での表現はできにくいので，保育者の幼児たちへの内面理解とともに，幼児の遊びイメージを感覚的に捉え，それをどのように実現できるかを予想し，幼児の育ちも総合的に捉え，援助していくことが必要となる。

⑨　絵本や物語

　まず，絵本について考える。

　子どもたちにとって，絵本や物語は登場人物になりきって，物語の世界に入り込める魅力的な文化財である。物語によって言葉の世界を楽しみ，創造を膨らませる。お化けが出てきたり，魔法使いに捕らえられたりしたかと思えば，大きなパワーが湧き出して，自分よりも大きな悪者を投げとばしてやっつける。王様やお姫様にもなることができる。絵本を媒介に，子どもの情操（喜び，悲しみ，戸惑い，怒り，優しさ，忍耐，思いやり等），意欲，生活態度，自主性，行動力，探求心，そして子どもにとって大切な考える力，生きる力が育まれていく。

❍絵本の特徴

①絵本を通して追体験ができる。

　日常生活の中で経験していることを，絵本を通して再確認することができる。

②感動する心を育て，情緒を安定させていく。

　主人公と同一化することによって，情緒を安定させ，心を育てる。

③想像力を豊かにしていく。

　未経験の世界を展開させて，イメージを豊かにしていく。

④語彙を豊かにしていく。

　経験を再確認し，未知の言葉に触れて語彙を豊かにする。

⑤美しい言葉に触れ，普段使わない言葉を物語の中で獲得して語彙を豊かにするとともに，文章の仕組みにも気づいていく。

⑥文字の働きに気づき，文字に関心をもつ。

　タイトルや文中の読み聞かせから文字に興味・関心をもつ。

⑦知的な好奇心を満たし，考える力を育てていく。

　物語に主体的に関わることによって，「なぜ？」「どうして？」を自らが学ぼうとしていく。

⑧間接経験によって，知識や理解を広げ，深めていく。

　日常生活では直接経験できない世界を間接的に経験し，興味・関心をもち，自分もなってみたい，やってみたいという意欲や好奇心を育てる。

❍絵本の種類

①　事物の絵本（ものの絵本）

・物事の名称や音とつなげて，子どもが追体験できるもの。

・音の繰り返しであるオノマトペを楽しんだり，スキンシップをはかったりしながら言葉の発達を促すもの。

②　生活絵本（しつけ絵本）

自分と重なる主人公に共感を覚えながら，絵本を楽しみ，食事，睡眠，排泄，衣服の着脱等の生活習慣のあり方を知り，自分でやってみたいと思える自律心を養っていくことができるもの。

③　物語絵本（創作，伝承絵本）

民話，昔話から名作，新作の創作絵本まで幅広く，大人の願いが込められ，心を育て，大人も子どもも共感でき，読み聞かせることにより，読み手や聞き手の興味やねらいに応じていくことができるもの。

④　認識絵本（科学，知識絵本）

どちらかというと４，５歳前後向けの絵本で，「なぜ」「どうして」という好奇心，知識欲を満たし，身近な世界を知り，生活の経験を深め，絵本を通していろ

いろな仕組みや現象を理解していくことができるもの（言葉や数，自分の体の仕組み，動植物，自然現象，天体や宇宙等）。

⑤　その他

字のない絵本，写真の絵本，詩の絵本，うたの絵本，遊びの絵本，仕掛け絵本，布絵本，シール絵本，月刊総合絵本などである。

○絵本の選び方

絵本にはそれぞれ特徴がある。読み手や聞き手の好き嫌いもあるので，いろいろな絵本と触れ合う機会を園でつくることが大切である。

①子どもの発達段階に適したもの

②一つの意図が一冊にいきわたっているもの

③絵と文章が一致したもの

④優れた言葉，文章，物語で書かれているもの

子どもは，初めは絵本を保護者や保育者に読んでもらい，その声を聞きながら絵と言葉を重ねて物語の世界に入り込む。わからない単語が出てきても，前後の文や絵をつなぐこと，語り手の表現の仕方でイメージを広げることができる。そしてその物語の世界を再現して，ごっこ遊びに発展する。物語に登場した衣装や道具も子どもたちがごっこ遊びでその人物になりきるための大切な素材となる。そこで製作にも発展する。絵本や物語は，語彙も増加させ，想像力，絵画，製作，発言力など様々な能力を引き出してくれる。

3歳を過ぎると，絵本を通して保育者や保護者，友達とイメージを共有して，想像力も豊かになり，絵本の楽しさを味わうことができるようになる。絵本を開く回数も多くなり，絵から物語を読み取り，文字が読めなくても絵から想像することができるようになる。また読み聞かせてもらううちに絵と文章がつながって，物語のイメージが明確になり，話の内容を理解していくことができるようになる。

4，5歳になると子どもの世界は大きく広がる。毎日の生活の中で人間関係も複雑になり，感情の喜怒哀楽だけではなく，悲しさや相手を思いやる感情が大人に近づいていく。そして絵本の主人公と同一化するだけでなく，「なぜ？」「どうして？」という好奇心が育ち，知的探求心が盛んになって，現実的な知識絵本，科学的絵本など未知の世界を扱うものにも興味が出てくる。基本的には物語絵本の中で非現実的な世界を好み，友達と読み聞かせてもらうことで，共感し合い「もしそうだったら」と想像力を働かせて，心を震わせる。そして自分の言葉や心を育て，話を通して創造力を育てていく。その後，読み聞かせてもらううちに文字にも興味をもち，自分で文字をたどりながら，絵本を楽しむ姿も見られるようになる。しかし，まだ読解力が未熟なために，あくまでも絵を手がかりに楽しんでいる。

その後，5歳児になると絵本を通じていろいろな仕組みや現象の理解をしていくことのできるものを好む時期になる。また，大好きな一冊を何度もじっくりと読んでいくのもこの時期である。そして文字にも興味をもち，文章を暗記したり，拾い読みしたりして，文字を読んで理解しようとする力も育ってくる。新しい言葉や数，自分の体の仕組み，動植物や天体への影響などに興味を寄せ，好奇心を満足させていく。

○読み聞かせの留意点

①読み聞かせに合った絵本を選ぶ

　子どもの年齢，発達，興味，ねらいに合ったものを選ぶ。

　読み聞かせる人数によって大きさを選択し，絵が鮮明なものを選ぶ。

②下読みをする

　下読みをすることで，内容や誰の台詞かといったことや，所要時間を把握することができる。

③全員が見えて，聞こえる環境設定をする

　適度な広さ，明るさ，騒音に注意してくつろげる場にする。

　読み聞かせの世界に入れるように，読み手の背後に通行や飾りなどの気が散るものがないような環境設定をする。

④本のめくり方

　見開きよく開き，子どもたち全員が画面を見られるようにする。

　ページがめくれず，物語が中断しないようにする。

　絵本の内容に合わせてページをめくるスピードを調節する。

⑤子どもの反応に応じて読み進める

　子どもたちが絵本の世界に入り込んでいるかを見ながら，読み方を調節する。

⑥ゆっくり読み聞かせることで，文章や文字に興味をもたせる

　忠実に読むことで，言葉の美しさや正しい言葉遣いを子どもたちに届ける。

⑦読み終えた後も大切にする

　読み終えた余韻を各自が味わえるように，説明などは避ける。

　読んだ本を子どもたちが再度体験できるように，絵本を自由に手に取れるようにしておく。

⑧興味の薄い子どもには一対一の読み聞かせを取り入れる

　その子どもが興味のある絵本を選んで読む。

⑨保育者自身が絵本を楽しみ，楽しむ姿を見せる

【事例37 「絵本を読んで」 3歳児と4歳児7月】

　K幼稚園には誰でも自由に利用できる本の部屋がある。そこには，紙芝居，絵本，図鑑とたくさんの本が本棚に並んでいて，本を読む子どもはもちろん，スケッチブックとクレヨンを持ち込んで，絵を描きにくるという，くつろぎスペースになっている。この図書室には大きな犬のぬいぐるみもあり，子ども用の椅子やテーブルもあるが，子どもたちは，お気に入りの絵本を選ぶと，椅子やテーブルに行かずに，犬のぬいぐるみの背中に座って読んでいる。

　ある日，年中のA児がぬいぐるみの背中で絵本を声に出して読んでいた。そこへ年少のB児が入ってきて，図書室を眺めながらふらふら歩きまわっていた。しばらくA児の前に立って，読んでいるA児の声を聞いている。B児はA児が読み終わると「お姉ちゃん，もっと私に読んでよ！」と言い，A児は「いいよ。好きな本を持っておいでよ」と言った。B児は本棚を見渡し，一冊の絵本を選び，A児の隣のぬいぐるみの背中に座り，A児が読んでくれるのを聞いていた。A児の読み聞かせは，すらすらと読めてはいないが，B児はときどきA児の顔を見ながら最後まで聞いている。3冊読んでいる途中で，とうとうA児は「疲れたから，今日はおしまい」と図書室を出て行ってしまった。翌日，B児はA児を探した。

　絵本のお陰で，B児はA児と心がつながり，絵本とも友達になることができた。

【事例38　本屋さんごっこ　3歳児と5歳児2月】

　幼稚園の本の部屋で，5歳児のC児が一人で絵本を読んでいた。その後3歳児の数名が，初めは入室しては出ていき，とくに絵本を手に取ることもなく通過していった。この動作を繰り返しているうちに，3歳児の中の一人D児が本棚から一冊の絵本を選び，机に置いては退室し，また来ては別の絵本を選んで初めの本の横に並べていた。そのうち，友達と走りまわるのをやめて，本棚から何冊も出しては，机だけでは並べきれず床一面に絵本や紙芝居を並べた。入退室を繰り返していた3歳児の友達は，

友達：「狭くなって通れないよ。なんでここに絵本を並べているの？」

D児：「ここは本がたくさんあるから，ぼくは今から本屋さんになることにしたんだ」

と答えた。その言葉を聞いてC児は絵本を読むのをやめて，D児が並べた絵本の多さに感心した表情だった。初めD児と本の部屋を通過していた3歳たちは，D児の予想外の本屋さんの開店に喜んで，

友達：「この本くださいな」

と絵本を手にしていた。買うことを楽しむ子どももいれば，買った後にその場で絵本を開けて見ている子，中にはそこにいる保育者に「読んでぇ」と催促する子どももいた。その場にいた保育者は一人だったので，読んでほしいという子どもの列ができた。自分が選んだ絵本でなくても，そこに並んでいる子どもたちは，順番を待ちながらほかの子どもが選んだ絵本の読み聞かせも聞いていた。それを見たC児が短編の絵本を

128

読み聞かせるお手伝いをすることを買って出てくれて，読み聞かせのコーナーは2か所になった。D児から絵本を買っては，2か所の読み聞かせに並んで，並びながらほかの子どもが選んだ絵本の読み聞かせを聞いた。

　その後3歳児クラスはお弁当の時間となり，食後に続きができるようにと絵本屋さんは片づけずにクラスに帰っていった。C児も「読んでほしい」と頼まれたのがうれしかったようだ。午後になってお弁当を終えた3歳児たちは，部屋で「ほんやさん」と書いた看板をつくり戻ってきた。看板を貼る子，他学年に呼び込みに行く子と拡大して，C児も一人では読み手が足りないと考えて，年長の女の子数名を連れてきて，大盛り上がりになった。当然この日だけでは終わらずに，この「えほんやさん」は数日続いた。

　このように，初めは絵本とは無関係な行動が，子どもたちの自然な気持ちによって絵本と友達，異学年，保育者を結び付けていった。そして，それが子どもたちの意思で広がり，楽しさから翌日に拡大していった。

【事例39　「おきのどくって，どういうこと？」　4歳児4月】

　ある日，担任が『どうぞのいす』の絵本を読んだ。すると，
H児：「先生，おきのどくって，どういうこと？」
とこの絵本に何回も出てくる「おきのどく」の言葉について聞いてきた。そこで担任が事例も加えて話した。この時期は，H児は一つ上の学年になった年中なので「おきのどく」の言葉が相手を思いやるやさしい心を表現した言葉として，年少を労わりたい気持ちと重なって，この日からこのクラスではブームになった。この絵本をきっかけに，
S児：「座る席がないのはおきのどく。この椅子どうぞ！」
と友達に席を譲ったり，トイレで年少が手を洗う順番待ちをしていると，
R児：「順番を待つのはおきのどく，お先にどうぞ！」
と前にしてあげたりと，絵本により言葉を獲得しただけではなく，やさしさも浸透した。

　　参考：香山美子作，柿本幸造絵『どうぞのいす』(1981) ひさかたチャイルド。

　次に物語について考えよう。

　物語を楽しむ児童文化財としては，パネルシアター，エプロンシアター，ペープサート，人形劇などがある。これらは子どもたちの言葉や想像力を育て，生活に潤いをもたらすものである。これらは「このようにしなければならない」というものはないが，「それぞれの特徴を生かして演じる」ことが重要である。

　①　作品の選び方
・ねらいや子どもたちの年齢，興味・関心を考慮する。

- 低年齢児には，内容の展開が単純で登場人物の少ないものが理解しやすい。保育者が「子どもたちに演じたい」「喜んでもらいたい」ことから作品を選ぶ。

② 環境構成

- 演じる者と鑑賞者に高低差をつけて見やすくすることや，最前列の子どもと舞台との距離に配慮し，心のつながりを大切にする。
- 机等を使う際には，布を掛けたりして，舞台らしさをつくる。会場はシンプルで演技に集中できる環境構成とする。

③ 演技中の配慮

- 演じている間も子どもたちへの気配りを忘れない。
- 台詞を丸暗記にすると棒読みになったり，間が空くと続けられなくなるため，内容と登場人物の役割を理解して，登場人物になりきって演じる。
- 常に演じる者と子どもたちが一つになるように，子どもたちの反応を見て進める。
- 子どもたち全員に届くように演じる範囲，大きさ，声に配慮する。
- 表情を豊かに演じる。

10 文字などで伝える楽しさ

2017（平成29）年に改訂（改定）された幼稚園教育要領，保育所保育指針，幼保連携型認定こども園教育・保育要領では，「幼児期の終わりまでに育ってほしい10の姿」の中で「言葉」に関係する項目として「数量や図形，標識や文字などへの関心・感覚」「言葉による伝え合い」「豊かな感性と表現」があげられている。幼児は家庭生活や園の集団生活を通して，身近な人と関わり「聞く」「話す」経験から言葉を獲得し，日常の生活に必要な言葉がわかるようになってくる。また，遊びや生活の中で，絵本を見たり，テレビや映像，IT機器などからも多くの文字・絵・標識などの記号の刺激を受けたりして，興味や関心をもつようになってくる。幼児は，文字に興味をもつと，日常の生活で知っている文字を拾い読みしたり，解読不能であるが文字らしき形を書くようになったりする。

そこで保育者は幼児と生活をともにする中で一人ひとりの幼児の発達の特性やその幼児らしい行動の仕方や考え方を理解して，それぞれの特性や発達の課題に応じた指導を行うことを重視しなければならない。幼児一人ひとりの興味に合わせ，遊びの中で文字を読んだり書いたりする楽しさを感じる経験を重ね，「文字」に親しむ豊かな環境を整えることが重要である。

○園での文字環境──記号やマーク・文字に気づく

園では園児一人ひとりの靴箱や道具箱，持ち物すべてに名前が書かれている。満3歳児や3歳児には，名前のほかに動物や植物・乗り物などのマークのシール

が貼られている。たとえば「ウサギ」の絵の
横に名前が書いてあれば，ウサギのマークと
文字の形から自分のものを意味するものと気
づく。園生活から友達の名前を覚え，自分の
隣の犬のマークが友達の誰であるかも文字が
読めなくてもわかるようになる。

写真5-1　私のマーク

タオルかけに各々のマークがついているので
自分のタオルをかける場所がわかる（満3歳
児4月）。

　玩具を片づけるときも，それぞれのケース
にあるブロックの「図形」と「ぶろっく」の
文字や，自動車や電車の「絵」と「のりも
の」の文字などといったものから，幼児は記
号や絵を読み解き，どこに何を片づければよいのかがわかる。また文字にも気づ
く環境を整えることも大切である。

　園生活の中では非常口やトイレのピクトグラム（絵記号）などや登降園の際に
道路標識や看板などにも触れる機会も多く，幼児の興味・関心が広がるきっかけ
にもなり，それらが意味する図形や記号から伝達する内容を推理する力や伝え合
う力を身に付けることもできる。

写真5-2　マークを探そう

三輪車のマーク発見。

写真5-3　警告表示

マークからイメージする「きをつけて」「まもっ
て」など自分の考えを伝え合う（5歳児10月）。

○一人ひとりの成長にあわせた指導を行う

　園では，幼児は生活のほとんどの時間で遊びを通し学びを深めている。環境に
主体的に関わり，自分なりの課題をみつけて試行錯誤する時間を大切にしている。
文字の獲得は，早くから文字を覚えたり，書ければよいという考え方ではなく，
一番身近な自分の名前などから文字への興味・関心が芽生えるようにしていくこ
とが大切である。保育者が文字を直接教えることは避け，幼児と生活をともにす
る中で，一人ひとりの幼児の発達の特性やその幼児らしい行動の仕方や考え方な
どを理解して，それぞれの特性や発達の課題に応じた指導を行うことが必要であ
る。

○描画で運筆遊び

　文字を書く前の段階として自分のイメージしていることや伝えたいことを絵で

描く姿が見られるようになる。

① 1歳前後～2歳6か月頃

周囲で字や絵を描いているのを見てまねをして腕を上下に大きく動かし，肩を軸として左右に動かせるようになると，短い線や扇状の線をなぐり描くようになる。肘も動かせるようになると，大きな円を続けて描くようになる。描いた絵を指さして「ママ」「わんわん」等と言葉で伝えるようになる。

② 2歳～3歳6か月頃

肩や肘，手首，指等の関節をある程度コントロールできるようになると，「ザーザー」とイメージした言葉を言いながら描くこともある。自分の思いを存分に描くことを経験することも大切である。

幼児が自由に描くことは大切であるが，文字の運筆を捉えた動きとしての直線（縦・横・斜め），丸線，波線，ギザギザ線，うずまき，螺旋の運筆を取り入れた描画活動を行う（クレパス・クレヨン）。

写真5-4　お絵描き

傘を差している絵を描いておく。
好きな色で傘を塗る。

写真5-5　運筆遊び

雨が降ってきたイメージを直線で描く（満3歳児）。

③ 4～5歳頃

4歳児になると，クレヨンのほかにフェルトペン等を扱って絵を描くようになる。大小様々な丸を描くこともできるようになる。この頃から絵の中に文字や記号が書かれるようになってくる。絵や言葉で自分の思いや考えを伝える経験を重ねていく中で，絵本との出会いから想像したり表現したりすることを楽しみながら文字への関心も高まってくる。

5歳児になると，ある程度ひらがなが読めるようになり，自分なりに書くようになってくる。繰り返し文字を書くことで書けるようになる。鏡文字や間違った文字を正しい文字に指導することも必要だが，幼児が自信をなくしてしまうこともあるので，遊びを通して繰り返し文字に親しむ経験が多くできるようにする。幼児期後半は自分の興味・関心のあることに集中し，試行錯誤することが，小学校での「学びに向かう力」「思考力，判断力」を育むのである。小学校で正しい

書き方を学ぶため，幼児期は文字を使う喜びを味わう活動が大切である。保育室の幼児の持ち物や靴箱，道具箱などには名前が記載されている。また，園内には様々な文字があふれている。この文字環境から幼児は自然に文字の読み書きに親しんでいく。間違った文字や読みにくい文字，ゆがんだ文字などがないように正しい文字環境を整え，提供しなければならない。幼児の前で保育者が正しい鉛筆の持ち方，正しい筆順で文字を書くことも大切な人的文字環境である。

○絵カード

　絵カードを見てそのものの名前を言ったり，文字を読んで遊ぶ。

○文字積み木

　積んだり，立てて並べたりして遊ぶ。わかる文字を読んだり，文字を拾い出して単語をつくって遊ぶ。横に並べる自分の名前の文字の一文字を頭音にしていろいろな言葉をさが

写真 5-6　海の生き物知ってる？
絵カードを使って海の生き物の名前を言い合う。

して遊ぶ。発展として，二文字，三文字と文字数が徐々に増えたり，積み木の上下に文字をつけたしたりして，ほかの単語ができるという面白さを発見をする。

○自分の名前を拾い読みする

　たろうと名前が書かれていると，一文字一文字指さしながら「た」「ろ」「う」と，一番身近な文字を読んだり，書いたりするようになる。しかし，読み書きする能力には個人差があり，保育者は一人ひとりに配慮することが必要になってくる。5歳児のクラスには文字環境として大きく正しく書くが，幼児が文字を書きたい気持ちが芽生えてくるので，一人ひとりへの援助が大切であり，一律に文字を教え込む指導は避けたい。

○自分の名前を書く

　3歳ぐらいになると文字の存在や役割に気づくようになり，文字らしい記号を書いてみたり，保育者に書いてと頼みにくる子どもが出てくる。あいこちゃんの「あ」は，「い」は，と文字の形の特徴を伝えながらゆっくり丁寧に書いて手本を見せるなどの指導をしていく。

　5歳児になったら，自分の当番表に名前を書く，自分の作品に名前を書く，配られた手紙に名前を書く等，文字に親しむような活動に自然と取り組ませるようにする。自分のつくった作品に「さわらないで」「こわさないで」など，自分以外の人へのメッセージを書き表すことも行う。

○かるたとり

　文字が読めるようになると，友達と既成のかるた遊びができるようになる。言葉を聞いてイメージする絵を探したり，頭音の文字を探し言葉や文字に親しむ。

写真5-7　かるたとり
読み手と取り手に分かれて行う。

「ぼくのわたしのかるた」をつくる。自分で50音の絵札を描き，読み札の文章を考え文字を書く。

　幼児の個人差もあるので，幼児一人ひとりに配慮して，幼児の必要性に応じて50音のスタンプを使って，かるたを作成する。文字を使う喜びが味わえるように指導する。

○身近な人への手紙

　園生活を通して，身近な人たちに自分の思いや考えを言葉で伝えることができるようになってくる。園から保護者への手紙や掲示物などを見ることで，文字から文章ができることに気づくと，自分でも書いてみたい気持ちが芽生える。友達や先生に「すき」「あそぼう」の短い言葉を書いた手紙を渡すようになる。手紙の一部に「ありがとう」や「みにきてください」「あそびにきてください」等，様々な活動の中で，自分の思いを伝えるために文字を使う姿も見られるようになる（例：母の日・父の日・敬老の日・勤労感謝の日などのメッセージカード，生活発表会・運動会・夏祭り・作品展などの招待状）。

写真5-8　このマークなあに？(1)
自分で気づいたマークを調べ発表する（5歳児11月）。

○このマークなあに？

　自分の知っている記号や標識やマークの意味を伝えたり，友達と発見した記号や標識やマークの意味を自分なりに考えたり自分で調べたことを発表する。

　世界の国旗を調べて発表して，運動会での装飾にする活動もできる。関心はあるが自ら取り組めない幼児には，グループ活動を通して友達の取り組む姿に興味がもてるよう言葉かけし，やり方を指導する等，配慮する必要がある。

○サンタクロースへの手紙

　クリスマス会に向けて，サンタクロースが来てくれるように手紙を書く。伝えるべき要点を知らせて自分で伝えたいことを考えて手紙を書く（ほかの行事でも可能）。

- いつ：○がつ○にち　○じから
- どこで：△△ようちえんのほーる
- なにが：クリスマス会がある
- どうする：サンタさんきてください。
　　　　　　おねがいします。まってます。

写真5-9　このマークなあに？(2)
グループでマークの意味を考えて書きまとめる。

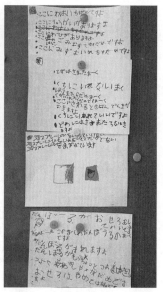

**写真5-10　このマークなあ
に？(3)**
発表ごっこをした後，掲示する。

○郵便ごっこ

　文字が書けるようになると，友達や保育者に自分が伝えたいことを文字にして手紙が書きたくなってくる。小学校への期待も膨らみ始めた5歳児の3学期に一番身近な家族に宛てて手紙を書く。

　①届けたい人の名前を書く（住所が必要なことに気づく幼児もいる）。

　②伝えたい気持ちを言葉で表す（保育者や友達に話す）。

　③言葉を文字で書き表す（書くポイントをまとめる）。

○世界に一冊だけの自分の絵本をつくろう

　卒園作品として，自分で考えた話に絵を描いて絵本をつくる。表題・作者名は幼児が書く。文章の文字は，保育者が書く。

　幼児は，基本として，①いつ，②どこで，③誰が，④何をしたかを考える。保育者は，幼児の話したい，表現したい，伝えたいという気持ちを受け止めながら，文字を通して伝わることの面白さや楽しさが感じられるようにすることが大切である。

　保育の基本は，環境を通して行う教育である。文字を取り立てて教え込むのではなく，保育者が意図をもって環境を構成し，幼児が遊びを通して楽しみながら自然と文字に対する知識や技術が身に付くように，文字環境を整えることが必要であることを心がけなければならない。

　幼稚園教育要領，保育所保育指針，幼保連携型認定こども園教育・保育要領の改訂（改定）で，言語活動の充実を図ることが明記された。

　言語活動の充実においては，幼児期における言語活動の重要性をふまえ，幼児が言葉のリズムや響きを楽しんだり，知っている言葉を様々に使いながら，未知の言葉と出会ったりする中で，言葉の獲得の楽しさを感じたり，友達や保育者と言葉でやり取りしながら自分の考えをまとめたりするようにすることが大切である。

注

⑴ 情動とは，単に「うれしい」「かなしい」のような感情だけでなく，そのことに伴って生じる生
　理的変化（体が熱くなる）や表出的変化（表情など）も含まれる。

引用・参考文献
第1節
阿部明子・小川清実・戸田雅美編（1997）『保育内容　言葉の探究』相川書房。

遠藤俊彦・石井佑可子・佐久間路子編（2014）『よくわかる情動発達』ミネルヴァ書房。

大久保愛（1969）『幼児のことば』国土社。

岡本夏木（1982）『子どもとことば』岩波書店。

厚生労働省（2018）「保育所保育指針解説」。

やまだようこ（2010）『ことばの前のことば——うたうコミュニケーション』新曜社。

第2節
赤羽友里子・鈴木穂波編（2018）『保育内容ことば（第3版）』みらい。

秋田喜代美・野口隆子（2018）『保育内容　言葉』光生館。

大豆生田啓友・佐藤浩代編（2019）『言葉の指導法』玉川大学出版部，10～16，52～103，131～156頁。

北沢昌代・畠山智宏・中村光絵（2016）『子どもの造形表現』開成出版。

厚生労働省（2018）「保育所保育指針解説」。

塩美佐枝編著（2010）『幼児の遊びと学び』チャイルド本社，84～109頁。

塩美佐枝・藪中征代・古川寿子・古川由紀子・川並珠緒・東川則子（2018）『言葉の発達を支える保
　　　育』聖徳大学出版会。

柴崎正行・戸田雅美・秋田喜代美編（2010）『保育内容「言葉」』ミネルヴァ書房。

中央教育審議会（2016）「幼稚園，小学校，中学校，高等学校及び特別支援学校の学習指導要領等の
　　　改善及び必要な方策等について（答申）」文部科学省。

内閣府・文部科学省・厚生労働省（2018）「幼保連携型認定こども園教育・保育要領解説」。

中沢和子（1979）『イメージの誕生——0歳からの行動観察』（NHK ブックス 353）日本放送出版協
　　　会。

永田桂子（2007）『よい「絵本」とはどんなもの？』チャイルド社，48～121頁。

平山許江（2015）『幼児の「ことば」の力を育てる』世界文化社。

福沢周亮監修／藪中征代・星野美穂子編（2010）『保育内容・言葉』教育出版，22～25，120～167頁。

宮里暁美ほか（2018）『領域　言葉』萌文書林。

村石昭三・関口準編（2005）『領域　言葉』同文書院，16～30，52～54頁。

文部科学省（2018）「幼稚園教育要領解説」。

谷田貝公昭監修／大沢裕編（2018）『言葉』一藝社。

第6章 言葉の指導に配慮が必要な幼児への指導

1 言葉の障害

　幼児の発達を考えるときに「言葉」をもとにすることが多い。言葉をなかなか話さない，発音がおかしいなど，保護者からの相談も多い。この理由には，言葉が発達の目安としてわかりやすいことがあげられる。しかし，言葉は，単に表出のみではなく，心の問題，運動機能の問題，社会性の発達の問題などがあり，幼児の発達全体を考えていくことが重要である。

❶ 聴覚障害による言語の遅れ

　聞こえの障害は，言葉の発達に大きな影響を及ぼす。しかし，軽度の聴覚障害は見逃されやすいので，注意が必要である。

1 伝音性難聴

　聴覚障害には伝音性難聴と感音性難聴，混合性難聴がある。

　伝音性難聴は，外耳と中耳という音を伝える部位の障害で発生するもので，滲出性中耳炎，慢性中耳炎，耳垢栓塞などがある。風邪を引いた幼児が急に耳が痛いということがあり，中耳炎になりやすい。しかし，治療を途中でやめてしまうなどで慢性中耳炎になることがある。また，痛みを感じない滲出性中耳炎があり，気づかないうちに悪化したり聞こえが悪くなったりしていることがある。

　呼びかけても振り向かなかったり，テレビとの距離をいくらとるように伝えてもいつのまにか近くに行って聞いていたり，音量を上げて聞いていたりする。

　これは，機能改善のための外科的処置や薬剤投与により回復・改善することがある。また，補聴器の適切な使用により，聞こえが改善しやすいという特徴がある。

2 感音性難聴

　感音性難聴は，内耳と聴神経という音を感じる部位の障害で発生する難聴である。音が聞こえにくくなるほか，話声は聞こえても音がゆがんで言葉を理解しにくくなったり，うまく言葉を捉えられなくなったりすることがある。補聴器を使用しても同様である。そこで，早期に補聴器を使用したり，手話等を学んだりす

ることも必要なため，専門機関や特別支援学校と連携したりする必要がある。

ほかに突発性難聴，メニエール病，騒音性難聴，老年性難聴，薬剤性難聴などがある。現時点では治療困難といわれている。

3　混合性難聴

伝音性難聴と感音性難聴の両方の症状をもつ混合性難聴もあり，老人性難聴などがある。

【事例1　難聴が発見される　4歳児】

A児は，3歳で入園前に父親が呼んでも振り向かないのを不思議に思い，病院に行った。すると，両耳とも60デシベル前後で聞こえが悪いことがわかった。保護者は，「男児は言葉が遅いと思っていた」と言う。入園のときから補聴器をつけ，言葉と言葉をつなぐ機能語の獲得が少ないことがわかったため，近隣の小学校の聞こえの教室で週に一回，言葉の獲得の訓練を受けるようになった。

聴覚障害は，軽いものからほとんど聞こえないというものまで，様々である。早期に発見することが大切で，言葉の臨界期の問題があるため，3歳児までに訓練をすることが望ましいとされている。そのため，早期に発見するためにも，聴覚障害の疑いのあるときは，医療機関で検査を行う必要がある。

○保育者の配慮点

保育者は，幼児が補聴器をつけているときは，本人や周りの幼児へ，補聴器はおもちゃではなく大事な耳の一部であることを知らせることが大切である。

また，音が聞こえにくいために，発音が不明瞭だったり間違えたりすることがある。そのときは，発音を矯正したり，言い直させたり，叱ったりせず，さりげなく正しい発音を聞かせることが大切である。

❷　構音障害

構音障害は「がっこう」が「だっとう」，「らっぱ」が「だっぱ」，「せんせい」が「てんてー」，「ごはん」が「ごあん」など，言語音を正しく言えないか，ほかの語音に置き換わる状態である。

口，唇，舌などの発声の器官に問題があってうまく発声できないものを「器質性構音障害」という。これには「口蓋裂」がある。また，器官に問題がないのに，正しく発音ができない状態を「機能性構音障害」という。しかし，2，3歳児が「おかし」を「おかち」等と発音するものは「未熟構音」という。これは，舌や唇の動きが未熟だったり聞こえがそのように聞こえていたりすることが多い。成長とともに自然に治ることが多い。

　このように，子どもの全体的な発達とともに改善されていくものは心配はないが，継続的に続いたり5歳になっても治らなかったりしたときは，機能性構音障害と考えられるので，専門機関と連携を図ることが大切である。

1　未熟構音

> **【事例2　発音が不明瞭　3歳3か月】**
> 　B児は，「はさみ」を「はちゃみ」，「先生」を「てんてー」と言う。母親はほかの子どもと比較して，発音の不明瞭さを気にしている。保育者は，「3歳なので様子をみましょう」と伝え，B児の好きなままごと遊びが十分できるように心がけていった。すると，友達とごっこ遊びをする中で，お母さんになりきって話をしたり，降園時に幼稚園の様子を母親に楽しそうに話したりしているうちに，いつの間にか「はさみ」「せんせい」と正しく発音していた。

　このように，見通しをもって，成長を見守ることも大切である。

○保育者の配慮点

　発音の間違いや不明瞭さを叱らない。発音を矯正したり，言い直させたりしないようにする。幼児の話しかけに保護者や保育者が応えるとき，さりげなく言葉の中に正しい音で繰り返して聞かせて，耳から正しい発音を聞かせることが大切である。家族は，毎日接していると気づきにくいので，保育者は，言葉の記録をつけ，不明瞭な言葉を書き留めておき，変化がないかを確認する。保護者が専門機関に行くときに，貴重な資料になる。

2　口蓋裂（器質性構音障害）

　口蓋と鼻腔の間がふさがらない状態のことをいう。声が鼻に抜けて不明瞭な発音になったり，摂食にも影響が出たりする。早期の手術をし，その後に言語治療が必要なことが多い。

❸　吃音

　吃音とは，言葉につまったり，話し始めがスムーズに発話できなかったり，言葉そのものを発することができないといった症状が現れるものである。

　二語文以降の言葉が複雑になる時期に現れる「発達性吃音」と，成長してから強いストレスにより現れる「獲得性吃音」がある。

　「わわわわたしは，……」のように話し始めを同じ単語や音を繰り返して発音してしまうものや「わーー，わーー，わーーたしはー」というように最初の一音が伸びてしまう状態，無理して言葉を発しようとすると顔が歪み，体が硬直してしまうものなどがある。女児よりも男児に多くみられる。とくに発語が早かった幼児に多くみられ，発語のための運動能力や語彙数が追い付かないために吃音に

似た症状が現れることがある。

　幼児期にみられる一過性のものは成長とともに次第に目立たなくなり，自然に消滅することが多い。幼児の場合，多くは障害ではないことが多い。

【事例3　言葉がつまる　4歳4か月】
　C児は，入園時から「あああああのね」というように吃音がみられた。両親は，吃音についてよく調べていて，担任に「C児は言葉を早くから話していたので，今，吃音ですが，今に治ると思うので，本人に意識させないように普通に接してください」と伝えていた。そこで，保育者も吃音について調べ，その幼児の話をゆったりとした気持ちで聞くように心がけた。すると，5歳児のときには，自然に話ができるようになっていた。

　このように，保育者は，聞き返しや発音の訂正をせず，本人に言葉が出にくいことを意識させないことが大事である。

○保育者の配慮点

　保育者は，安心してゆっくりと表現してよいことを伝え，共感的に聞き，おおらかに接することが大切である。言い直させたり叱ったりしないことが大切である。話ができたときもとくにそのことを指摘せず，本人が意識しないで話せる環境をつくることが重要である。

　また，周囲の子どもたちが，そのことではやしたり，指摘したりしないようフォローが必要である。

❹　発達障害

　知的な遅れはないが，注意が逸れやすい，多動である等の傾向をもつことがあり，人との関わりで困難さをもっていることが特徴である。

1　広汎性発達障害

　主に自閉症といわれる。音量・声の高さ・速度・抑揚などの発話の異常やオウム返しや一方的な発話など，会話の異常が特徴である。しかし，言葉の問題よりも人と人との関わりが問題である。コミュニケーションをとることが苦手なことが多いので，絵や文字，図などで指示や意思表示を働きかけると有効である。

2　学習障害（LD）

　知的発達に遅れはないが，聞く，話す，読む，書く，計算するなどのうち，特定のものの習得に著しい困難を示すものである。幼児期に言語発達の遅れやつまずきを示すことが多い。

　広汎性発達障害や学習障害等は，早期に専門機関に行き，早期に訓練するとよ

い。

3　注意欠陥多動障害（ADHD）

不注意，衝動性，多動性を特徴とする。言葉の指示を落ち着いて受け止めることが苦手で，注意されても同じ誤りを繰り返すことが多い。

○保育者の配慮点

保育者は落ち着いて刺激の少ない場で集中できる環境をつくることが重要で，根気強く指示を繰り返すことが大切である。言語聴覚士の指導を受けるとよい。

4　精神遅滞

認知や社会性，情緒，運動などの発達の遅れがみられる。言葉の獲得には個人差が大きい。ダウン症も含まれ，言語の発達は遅いことが多いが，言葉の発達の道筋は周りの幼児と似ている。

❺　場面緘黙

場面緘黙は，全く声を出さない状態から小さな声では話す，首を振ることで意思表示をする，特定の限られた人となら話す等，状態や程度は様々である。しかし，家では普通に話すこともあり，言葉の発達には問題はないことが多い。

【事例4　特定の人の前では話さない　4歳9か月】

D児は，自分が叱られたのではないが，幼稚園で幼児が保育者に強く叱られているのを見ていた。そのときから通園するときは母親とよく話ができているのに，保育者の前では話さなくなり，登園することをいやがるようになった。

緘黙児は，自分が話をしないことを自覚していることが多い。

また，4歳前後で，自我が形成されていくときに，人から自分がどのように見られているかを意識するようになり，人前で緊張して話せないこともある。これは，一過性のため，無理に話させずに，普通に接していることが大切である。

○保育者の配慮点

保育者は，本人が話をしないという自覚があるときは，ほかの幼児と同じように発言の機会を保障するが，無理に話させないようにすることが大切である。身振りやしぐさ，手紙やメール等を活用して意思の疎通を図るようにする。また，緊張や不安が原因のこともあるので，緊張や不安，恐怖感を軽減していくことも大切である。さらに，話すことだけを目的とせず，社会的な能力全般についてみていくことも必要である。

このような幼児には，自己評価の低下や自己否定感につながらないよう，得意な活動をみつけ，自信をもたせるように配慮する。また，学級のほかの子どもた

ちへの理解を図り，いじめのターゲットにならないように細心の注意を払う必要がある。段階的に少しずつ長い目で見守りつつ，家庭と園が共通理解のもとで連携しながら対応することが大切である。

❻ 虐 待

虐待の行為には，身体的虐待，性的虐待，心理的虐待，ネグレクトがある。虐待によって情緒発達が遅れ，言葉も遅れてみえることがある。

保育者は安心できる人であるという信頼関係をつくることが大切である。一般に子ども同士の触れ合いの中で，脳の成熟に伴って改善されるため，園のような子ども同士の集団に入れることも大切であるが，限界があるので，児童相談所などの専門機関と連携をとることが重要である。

❼ 体験不足による言葉の遅れ

現代では高層住宅に住み，昼間，親子二人だけで生活をしている家庭もある。そのようなとき，ドアを閉め，窓を閉めた生活空間の中だけで過ごすことで実体験や話す機会が不足して，言語発達の遅れを招くことがある。

【事例5　体験不足　3歳8か月】

F児は，昼間，母親と二人で高層住宅に住み，ほとんど同年代の幼児と遊ぶことがなく生活をしていた。母親はF児が食事中，何かを探すように周りを見ると，「水がほしい」と気づき，すぐに水を持ってきていた。

F児が入園したときは，靴を履くときはじっと立ったままで履かせてもらうのを待っていたり，階段を下りるのも怖がって一人では下りたりできず，困ったことを言葉で表現することもしなかった。

このように，昼間母親と二人で過ごし，言葉を使う機会が少ない幼児は，言葉が遅れたりすることがある。保育者は，言葉の部分だけでなく，運動面や社会面等，幼児の全体的な力が伸びていくよう，環境の改善の指導も大切である。

○保育者の配慮点

保育者は，その子どもの全体的な力が伸びていくように，様々な経験をさせることが必要である。また，他児との関わりの中で，「わたしもやってみたい」「わたしも言いたい」と思えるような環境をつくることが重要である。同年齢の子どもは，言葉の最良のモデルとなるので，楽しい遊びに参加して十分遊ぶようにしていくことが大切である。

❽　保護者との連携

　　幼児と保護者との関係は密であるため，配慮の必要な幼児のいる保護者と連携していくことは重要である。保護者が相談に来たときは，相談の背後にある不安や大変さを理解することが大切である。

　　まず，不安や保護者の気持ちを受け止め，保護者の話に共感しつつ話をよく聞く姿勢をもつ。保護者はどのような子どもになってほしいのか，今困っていることは何かを明確化していく。

　　保育者は，発達を考えて子どもを理解し，保育者から肯定的にみた子どもの姿を伝えていくようにする。また，育児不安の原因の一つは，発達の見通しがもてないためということが多いので，先の見通しを含めて伝えていくことも大切である。

　　保育者から知らせるときは，その幼児の困り感を具体的に知らせ，事実を伝えてから，今，園で取り組んでいることを伝える。園での積み重ねを伝えて，保護者と園が情報を共有することが重要である。

　　保護者は孤立していることがあるので，場合によっては療育センターと連携し，同じ思いの保護者とつなぎ，保護者の生活を広げる支援も視野に入れていく。

❾　園内や関係機関との連携

　　まずは，園内の連携が大切である。担任は，職員室で配慮を必要とする幼児の今日の様子を全職員に知ってもらうことが大切である。共通認識のもと，園全体で同じ方針で幼児と関われるようにしていく。さらに，職員会議で，支援体制をつくり，コーディネーターを園内にたて，担任一人に任せず園の全職員で考えていくようにする。個別の支援計画を立て，長期的な視点で教育的支援を行うために個別の教育支援計画を作成していく。

　　関係機関との連携先には，医療機関，療育・相談機関，福祉・行政機関，学校等がある。地域の特別支援学校の教師等と連絡を取って，専門的な立場からのアドバイスをもらうことも大切である。

　　長期休業のときなど，保育者が機関で個別指導を受けている姿を見学に行ったり，園行事のときに，関係機関の人を招待し，集団生活での様子も見てもらったりするようにして，互いに連携し合っていくことが重要である。

2 外国人幼児の日本語の獲得と母語の保持

❶　外国人幼児の現状

　　昨今の国際化社会に伴い，日本に在留している外国人数が増えている。そのことで，幼稚園，保育所，こども園（以下，園）に通う子ども数も増えている。

表6-1　子どもの置かれている言語環境

国際結婚型		外国人家庭型	
親それぞれ 外国語＋日本語	親どちらか 外国語＋日本語	親ともに 外国語＋日本語	
親ともに 日本語	親ともに 外国語	親ともに 日本語	親ともに 外国語

出典：岩立・小椋（2017）75頁を参考に改変。

　法務省管理統計を参考に導き出した数では，0～4歳の70人に1人が外国籍であるといわれている（黄ほか，2018）。また，外国籍ではなくても，外国につながりがあり，言語を含む異文化の中で育つ子どもの数は，さらに多いといえよう。

　園に通っている子どもの中には，外国籍でありながらも，日常的に日本語を使っている子どももいる。外国籍であるから，日本語の獲得が難しいとは一概にはいえない。たとえば，次のように整理できる。

　表6-1のように，家庭でも，日常的に母語となる外国語と日本語をともに話す状態で過ごす子どももいれば，家庭では，日本語に触れず，親の母語である外国語のみで過ごす子もいる。

　日本語の獲得と母語の保持を考えると，国際結婚という家庭環境で育ち，乳児期より二言語で育った場合と，外国人家庭環境で，一言語（両親の母語）で育ち，ある時期に第二言語（日本語）に触れる場合がある。この場合，多くは，園などに入るときに，その場の社会的言語（日本語）に触れることになる。二言語を母語のように使用している子ども（バイリンガル）の一つの言語内の語彙数を，その一言語で生活している子の語彙数と比較すると，二言語使用の子どもの方が語彙数が少ないといわれている（岩立・小椋，2017）。

　このため，保護者は，子どもの言葉の遅れを気にしていることもある。

　この場合，在園時期だけでなく，就学を迎えた児童期以降に学習や思考のための言語が十分でなく困る例もある（中島，2010）。そのため，十分な援助や支援が必要になってくる。

　このように日本語を第二言語とする子どもが増えてきている現状の中，そのために初めて触れる社会，つまり保育の中でどのような配慮が必要なのかを考えていきたい。

❷　外国人幼児の日本語の獲得と保育者の役割

　幼保連携型認定こども園教育・保育要領（内閣府・文部科学省・厚生労働省，2018）では，第1章　総則　第2　3　特別な配慮を必要とする園児への指導(2)で，「海外から帰国した園児や生活に必要な日本語の習得に困難のある園児の幼保連携型認定こども園の生活への適応」を取り上げ，「海外から帰国した園児や

生活に必要な日本語の習得に困難のある園児については，安心して自己を発揮できるよう配慮するなど個々の園児の実態に応じ，指導内容や指導方法の工夫を組織的かつ計画的に行うものとする」としている。

　その解説では，在留国や母国の言語的・文化的背景，滞在期間，年齢，就園経験の有無などにより生活に必要な日本語の習得が困難な園児がいることが語られ，そのため，一人ひとりの実態を的確に把握し，指導内容や指導方法の工夫を組織的かつ計画的に行うとともに，全職員で共通理解を深め，園児や保護者と関わる体制を整えることが必要であることが示されている。

【事例 6　「〇〇センセイ」　4歳児】

　英語，日本語を使用する国際結婚という家庭環境で英語で育ったG児（4歳児）は，短期間入園をしてきた。母親（母国語は日本語）は，G児に日本語にもなじんでほしいと願っていた。

　そのような中で，初めはG児が日本語を話すことはなかった。担当保育者が英語（G児にとっては母語）で個別に丁寧に対応した。そのうちに担当保育者を信頼するようになり「〇〇センセイ」と呼ぶようになった。少しずつ周囲の言葉も理解できるようになってきた。

　遊びの中では，だんだんと日本語でのやり取りが増えてきたが，難しい言い回しや，いざこざなどで早く相手に意思を伝えたいときには，英語で表現することもある。保育者が仲介し，遊びを展開する中で，擬音語や擬態語，いわゆるオノマトペを使用しながら，楽しい気持ちを友達と共有している。

(塩ほか，2018をもとに改変)

　事例6は，母親が日本語を話すことができるが，日本語に触れることなく育ってきた例である。日本という今まで生活してきた文化とは違う文化の中で生活をしている，ということを忘れてはならない。G児は，不安な気持ちでいっぱいで入園してきたのだろう。言葉の獲得には，誰かと伝え合いたいという気持ちが大切であり，安心できる場があることによって，言葉を獲得し，使用していく。この事例では，大好きな保育者との関わりを軸に人との関係が広がり，そのことが，言葉の獲得につながったといえる。また，子ども同士で遊ぶ中で，イメージを共有しながら遊ぶことで，言葉の広がりをみせている。音を捉えるオノマトペは，子ども同士の中で，やりたいことを表したり，動きを表現することのイメージを助ける。そのような中で，少しずつ日本語が獲得されていく。この事例では，半年間の園生活の最後は，日本語で自分の伝えたいことを言えるようになっていた。周囲の丁寧な応答的な関わりの中で言葉が育まれていったことがわかる。

　また，黄琬茜らによれば，5歳児の子ども同士が関わっている中で，子どもは自分の得意な言語を駆使してコミュニケーションをとろうとし，単語で伝えることに

たよらず，文として伝えようとするという観察結果もみられる（黄ほか，2018）。つまり，保育者は子どもが安心して生活できる居場所をつくることはもちろん，子ども同士で自由に遊んだり，関わったりする環境を整え，積極的にコミュニケーションをとりたいという気持ちを育てることも大切になってくるのではなかろうか。

　また，子どもが日本の生活や園生活に慣れていくよう，家庭との連携を図ることも大切である。子どもの生活を支えるためにも丁寧に園生活や園の方針を説明したりすることなどが必要である。

　最後に，園などの地域社会の中で母語を使用せず生活している子どももいる。その国の言葉はもちろん，母語も大事に育てたい。友達同士の中では，しゃべり言葉のみで十分に話が伝わる。しかし，親の言葉である母語を家庭で丁寧に使い，伝えることで，母語も失われずに使用していくことができるのではないかと考えられる。つまり，周囲の大人の言葉は，乳幼児に大きな影響を与えるのである。身近な大人は丁寧でわかりやすい言葉で表現していくことが大切であり，保育者の保護者への言葉に対する支援も必要になってくる。

注
(1)　養育者などの身近な人からの話しかけやコミュニケーションの中で，乳幼児が獲得していく言葉を母語（mother tongue）という。母国語とは別の意味をもつ。

引用・参考文献
第1節
厚生労働省（2018）「保育所保育指針解説」。
塩美佐枝・藪中征代・古川寿子・古川由紀子・川並珠緒・東川則子（2018）『言葉の発達を支える保育』聖徳大学出版会。
塩美佐枝・岸正寿・重安智子・羽生和夫・羽路久子・古川寿子・古川由紀子・山梨有子（2017）「在外日本人幼児の日本語の現状と課題」『教育実践研究：教職研究紀要』第7号，聖徳大学大学院教職研究科，31〜59頁。
柴崎正行・戸田雅美・秋田喜代美編（2010）『保育内容「言葉」』ミネルヴァ書房。
文部科学省（2018）「幼稚園教育要領解説」。
第2節
岩立志津夫・小椋たみ子編（2002）『言語発達とその支援』（シリーズ／臨床発達心理学④）ミネルヴァ書房。
岩立志津夫・小椋たみ子編（2017）『よくわかる言語発達（改訂新版）』ミネルヴァ書房。
黄琬茜・山名裕子・榊原和美・和田美香（2018）「多文化保育における幼児のことば——5歳児のコードスイッチングに着目して」『保育学研究』第56巻第3号，174〜185頁。
大場幸夫・民秋言・中田カヨ子・久富陽子（1998）『外国人の子どもの保育』萌文書林。
厚生労働省（2018）「保育所保育指針解説」。
塩美佐枝・岸正寿・重安智子・羽生和夫・羽路久子・古川寿子・古川由紀子・山梨有子（2017）「在外日本人幼児の日本語の現状と課題」『教育実践研究：教職研究紀要』第7号，聖徳大学大学院教職研究科，31〜59頁。
塩美佐枝・藪中征代・古川寿子・古川由紀子・川並珠緒・東川則子（2018）『言葉の発達を支える保育』聖徳大学出版会。
内閣府・文部科学省・厚生労働省（2018）「幼保連携型認定こども園教育・保育要領解説」。
中島和子（2010）『マルチリンガル教育への招待——言語資源としての外国人・日本人年少者』ひつじ書房。

第 7 章　絵本，紙芝居等と幼児の関わり

1 ｜ 絵　本

　幼稚園教育要領の領域「言葉」には，次のような文章がある。

【ねらい】

(3)　日常生活に必要な言葉が分かるようになるとともに，絵本や物語などに
　　親しみ，言葉に対する感覚を豊かにし，先生や友達と心を通わせる。

【内　容】

(9)　絵本や物語などに親しみ，興味をもって聞き，想像する楽しさを味わう。

【内容の取扱い】

(3)　絵本や物語などで，その内容と自分の経験とを結び付けたり，想像を巡
　　らせたりするなど，楽しみを十分に味わうことによって，次第に豊かなイ
　　メージをもち，言葉に対する感覚が養われるようにすること。

　児童文化財である絵本は，一人でも集団でも楽しめる教材である。不安定なと
きには，保育者に一対一で絵本を読んでもらうことで安定する。好きな絵本があ
ると，保育者に読んでもらうことで，友達と楽しさを共有することができる。ま
た，日本昔話，地方のお話など，日常で使われない言葉が出てきても，子どもた
ちは，絵や言葉の雰囲気で意味を読み取っている。

　3歳児のA児は『はらぺこあおむし』の絵本が大好きで，保育者に何度も読ん
でもらっていた。絵本貸し出しの日が月に2回あり，毎回A児は『はらぺこあお
むし』の絵本を借りて家に持ち帰り，母親にも読んでもらっていた。

　降園後，母親が担任保育者に昨日の家庭での出来事を楽しそうに話してくれた。

【事例1　「『はらぺこあおむし』読みますね」　3年保育3歳児10月】

　A児には1歳になる弟がいる。

　A児が幼稚園から借りてきた絵本を見ていると，弟のKがA児の所に来て，絵本を
取り上げたり，覗きこんだりしてA児の邪魔をする。いつものことなので，A児は気

にせずに絵本を見ていた。しばらくするとA児はKを自分の前に座らせ，絵本をKに見せ始めた。

A児：「Kちゃん，これから『はらぺこあおむし』の本を読みますね」

K　：A児の持っている絵本を見ている。

A児：Kに見えるように絵本を左手に持ち，1ページずつKの様子を見ながら絵本を読み進めている。

K　：A児の顔と絵本を交互に見ながら，楽しんでいる。

A児：「♪月曜日リンゴを1つ食べました♪……」と歌い出した。

K　：A児の歌に合わせて，体を左右に揺らしている。

A児：「♪あおむしはきれいなちょうちょになりました♪おしまい」絵本を閉じた。

K　：まだじっと見ている。

A児：満足そうに絵本を閉じ，絵本をKの手の届かない棚の上に置き，ままごと遊びを始めた。

K　：A児の後を追うようについていった。

参考：エリック＝カール著，もりひさし訳（2000）『はらぺこあおむし』偕成社。

　母親は驚いてその様子をしばらく見守っていたという。

　文字が読めないA児が弟のKに大好きな絵本を読み聞かせている姿は何とも微笑ましく，絵本を丸ごと暗記しているA児の姿にも成長を感じ，翌日担任保育者に報告したとのことだった。

　A児のように，大好きな絵本との出会いから，絵本の世界の面白さを感じ，イメージの世界の楽しさを味わい，遊びへと発展していく。さらに，A児のように，幼稚園や家庭で読み聞かせてもらった「聞く・観る」という経験を弟に再現することで，「言葉で伝える」という方法で絵本の世界を楽しんでいる。

【事例2　「『ロボットらんど』つくろう」　3年保育5歳児6月】

　年長のさくら組は年中の頃より絵本に親しんでいる。

　B児はとくに『わんぱくだんとロボットランド』がお気に入りで何度も繰り返し読んでいる。梅雨の季節で雨が多く，保育室やホールで遊ぶことが多くなった。

　B児はロボットをつくるためのダンボールがほしいと担任保育者に言いにきた。担任保育者はB児と一緒に教材室に行き，B児のイメージする大きさのダンボールを一緒に探した。

B児　：「中に入れるくらい大きなダンボールがほしいんだけど」

保育者：「誰が中に入るの？」

B児　：「ぼくが入れるくらいのダンボールないかな？」

保育者：「中に入れるか試してみたら？」

B児　：教材室に置いてあるダンボールの中からいくつか選び，中に入れるか試している。その中から二つのダンボールを選び，保育室に持ち帰る。ダンボールの真ん中にダンボールカッターで穴を空け，顔が出るようにしている。もう一つのダンボールは両手が出るように，横に2か所穴をあけた。頭や手を出す穴は何度も試してみて，やっとできあがった。B児はすぐにダンボールの中に入り，ロボットになり，廊下を歩き始めた。

　ダンボールをかぶり，ロボットになりきっているB児の姿を見て，同じ学級の男児3人が，同じようにダンボールでロボットをつくり出した。

B児　：「Cちゃん，一緒に『ロボットらんど』つくらない？」

C児　：「いいね！　いいね！」

B児　：「先生，『ロボットらんど』つくるから，ダンボールたくさん下さい」

　その様子が学級，学年に広がり，2学級合同で，空き保育室を使い，「ロボットらんど」をつくることになった。学級に関係なく，同じようなロボットのイメージをもつ幼児同士が集まり，ロボットづくりが始まった。1週間かけて，「ロボットらんど」が完成した。

　年長児はダンボールの中に入り，ロボットになり，年少児，年中児を呼ぶことになった。看板，チケット，ポスターをつくり，2日間「ロボットらんど」を楽しんだ。

　その後，保護者にも声をかけ，参加してもらった。

　　参考：ゆきのゆみこ・上野与志著，末崎茂樹イラスト（2016）『わんぱくだんのロボットランド』
　　　　チャイルド社。

　年中組の頃より，学級，学年で親しめる「絵本」が身近にある環境である。

　B児がダンボールでロボットをつくり，自分で着て廊下を歩いている姿を見た年長児にはすぐに『わんぱくだんのロボットランド』の絵本が共通のイメージになり，それぞれがロボットをつくり，「ロボットらんど」づくりが始まった。

　絵本からすぐにイメージが共通になり，自分のイメージを言葉で伝え合い，友達の思いも聞き入れながら，ごっこ遊びが広がっていった。年少児，年中児に来てもらおうという友達の言葉を聞いた幼児は，自分の経験したことを言葉で伝えている。「映画を見に行ったとき，チケットがあった」「お土産にシールもらった」「大きなポスターが貼ってあった」など，お客さんに来てもらうための準備も言葉で伝え合いながら進めている。2年間，3年間一緒に園生活を送っている仲間だからこそ，友達の提案を受け入れ，役割も自然に分担されていた。

　児童文化財である絵本は，幼児にとって，喜び，悲しみ，戸惑い，怒り，忍耐，思いやりなどの情緒，自主性，行動力，探求心，考える力などの意欲から生きる

力を育てている。

　保育者は，幼児の年齢，発達に合わせて絵本を選ぶことが必要である。絵本を通してスキンシップをとることで，幼児は安定して園生活を送れるようになる。

　ストーリーが単純で言葉のリズムが心地よい絵本は，言葉の繰り返しが楽しめる。お話の主人公になりきり，お話のストーリーの世界を楽しむことができる。

　幼児は絵本の絵を見ながら，想像し，語彙を増やし，言葉や心を育て想像力を養っていく。日本の民話，世界の童話からも忍耐力，優しさ，我慢，努力，善悪など多くのことを学ぶ。

　保育者は学級の子どもたちにあった絵本を選び，落ち着いて絵本が見られる環境を整えることが大切である。このような落ち着いた環境の中で子どもたちは絵本の絵や言葉から，イメージを広げ，遊びの中に取り入れ，心情，意欲，態度を養っていく。

2 ｜ 紙芝居

　紙芝居は日本特有の児童文化財である。紙芝居は集団を対象としてつくられている。紙芝居を保育者に演じてもらうことによって，その場にいる子どもたちは，共通の体験ができる。紙芝居は集団用にできているため，遠くからでもお話の展開がわかるように，絵が単純化されていたり，場面によっては，強調されたりしている。昔話のように，日常生活では使われないような言葉も出てくるものもあるが，子どもたちは，言葉の意味を知らなくても自然と絵から読み取っている。また，学級の友達と一緒に同じ経験をすることで，イメージが共通になり，紙芝居で使われている言葉が遊びの中でも使われている。

【事例3　「おおきくおおきくおおきくなあれ」　3年保育3歳児4月】

　入園当初，幼稚園に慣れず，不安定な子どもも多い時期，「おおきくおおきくおおきくなあれ」の紙芝居を読んでみた。

保育者：「あれ，ちっちゃなぶたがいるよ。Ｙちゃん，見える？」後ろに座っているＹ児に話しかける。

　　　　「Ｃちゃんは見える？」

　　　　「小さいからよく見えないね」

　　　　「みんなで『おおきくなあれ』って先生と一緒に言ってくれる？」

　　　　「おおきくなあれ。あれ，まだおおきくならないね。もっと大きな声でおおきくなあれ」

　　　　「わぁおおきくなったね」

紙芝居を読み進めていく。

　１回目はみんな静かに紙芝居を見ていた。紙芝居が終わると，

A児　　：「先生もう１回見たい」

保育者：「もう１回読もうね。みんな一緒におおきくなあれって言ってね」

　子どもたちは絵を見ながら，その場面を待っているようで，「おおきくなあれ」の声も次第に大きくなっている。声を出すことをためらっていた幼児も周りの幼児に刺激されたようで，学級のみんなが「おおきくなあれ」と言っては，顔を見合わせてにこっとしている。

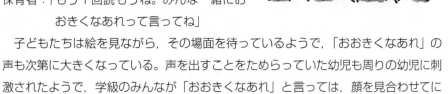

保育者：「さあ今度はケーキですよ。おおきなケーキ食べたいね。先生ケーキ大好き」

　子どもたちも，大きな声で「おおきくなあれ」と言ったあと，美味しそうにケーキを食べる真似をしている。

　参考：まついのりこ作・絵（1983）『おおきく おおきく おおきく なあれ』童心社。

　紙芝居を見ながら，イメージが共通になり，同じことをすることで安定している子どももいる。紙芝居の絵や保育者の言葉から，子どもたちは，紙芝居のストーリーや言葉の意味を読み取っている。「おおきくおおきくなあれ」と友達と一緒に声を出すことで，心地よさを味わっている。

　入園当初，不安の大きい時期に紙芝居という児童文化財にふれながら，幼稚園生活が不安なものから楽しいものへと変わる。また，紙芝居を通して，言葉の面白さ，ときには美しさと出会い，動きをまねたり，自分なりの表現をしたりして楽しんでいる。

　紙芝居と親しむことで，イメージの世界で遊ぶことができるように，保育室の環境としても子どもたちがいつでも紙芝居と出会えるような環境を整える必要がある。

　先にも述べたが，集団用にできている紙芝居は絵が単純化されており，ときには強調されている絵があるため，絵から言葉を学ぶ教材だといえる。紙芝居との出会いを積極的につくれるように，多くの紙芝居と出会えるように，保育者自らが紙芝居について学ぶことも必要だと思われる。

3 ┃ 人形劇

　人形劇とは，人形を操作することによって表現する演劇である。日本では，浄瑠璃と結び付き文楽人形として発展した。その伝統とは別にヨーロッパの人形劇が明治中期以降に伝えられ，それを基礎に子どものための人形劇は現代人形劇と

して発展してきた。

　日本の幼児教育・保育における人形劇の出発は，1923（明治12）年東京女子高等師範学校附属幼稚園（現・お茶の水女子大学附属幼稚園）において，倉橋惣三が[(1)]設立した「お茶の水人形座」であった。[(3)]倉橋は「みんなで一緒に舞台を見る楽しさを子どもたちと分かち合いたい」という願いと「小さなものの動きに特に惹かれ夢中になる子どもの心」への共感を強く抱き，「型にはまった幼稚園を，真に子どもの世界らしい幼稚園にするために」という意思のもと，自園の上演はもちろん，広く幼稚園での普及に取り組んだ。

　人形劇で使う人形としては，手使い人形や棒使い人形，糸操り人形のほか，実物を使ってそのまま人形劇として操るものもある。また，保育の中では，ペープサート（paper puppet theater：紙の操り人形の劇場）も用いられることが多い。子どもが描いた絵を切り抜き，割りばしなどの棒にテープでつけただけで簡単に人形をつくることができ，すぐに遊べることが魅力の一つとなっている。

　人形劇の特性は，ピアジェのいうアニミズムとの共通性を強くもつ。アニミズ[(4)]ムとは，子どもの思考の自己中心性の特徴として指摘した概念である。外界のすべての事物に自分と同じ生命や意思があるとみなすことを指す。外界を自己と対立するものとして捉えられず，一体化させてしまうため，外界の事物と自己の内側にある特性とを混同してしまうのである。人間の俳優から生命感を感じるのと同じように，人形からも生命感を感じ，その世界を真実として捉えるのである。

　子どもが人形を手にし，その人形を自分の外にあるものとして意識して捉える経験は大きな意味をもち，周囲のものや自分自身を客観視する有力なきっかけとなる。手にした人形が自分の思いで動き台詞を言う。自分の一部として存在するが，その人形を見つめる自分はそれと距離をもって存在しているのである。

　言葉は言葉だけを通して育つものではない。言葉の獲得には「もの」を媒介とした他者とのコミュニケーションが大切であり，その中で気持ちと言葉がやり取りされていくことが大切である。その働きをする「もの」の中でも，とくに子どものために用意された「もの」を児童文化財という。人形劇もその中の一つである。

写真7-1　手使い人形

写真7-2　ペープサート

【事例4 「かくれんぼ　しよう」──紙人形を使って　5歳児5月】

　絵を描いて遊ぶことが好きなＡ児とＢ児のそばに，保育者は人の絵を描き，切り抜いたものに棒をつけた紙人形を持ち，近づく。

　保育者は紙人形を使って「こんにちは」と言うと，Ａ児とＢ児も「こんにちは」と挨拶をする。保育者は「これから，遊ぼうと思うんだけれど，一緒に遊びませんか？」と声をかけると「いいよ」と言うと同時に，「私もつくるから待ってて」と言って，Ａ児とＢ児は画用紙に絵を描き，同じように切り抜き棒をつけ紙人形をつくる。

　保育者が「何して遊ぼうか」と言うと，Ａ児は「かくれんぼをしようよ」と言う。Ｂ児「じゃあ，ジャンケンね」と，3人でジャンケンをすると保育者が負けた。保育者は「1・2・3……10　もういいかい」と数え声をかけると，Ａ児とＢ児は「まあだだよ」と近くにある遊具や机の下に隠れる。「もういいかい」と再度声をかけると「もういいよ」と二人からの返事があった。保育者は，紙人形を片手に「Ａちゃん見～つけた」「Ｂちゃん　見～つけた」とＡ児とＢ児の紙人形に語りかける。

　その様子を見ていたＣ児とＤ児は「私もやりたい」「入れて」と言って仲間に入る。Ａ児とＢ児は「こうやるんだよ」とつくり方を教えている。保育者は「私はおうちに帰るので　また明日」と言って，その場から離れる。

　Ｃ児とＤ児の紙人形が完成し，4人でかくれんぼの遊びが始まる。

　Ａ児が「何して遊ぶ？」と言うと，Ｂ児は「かくれんぼしよう」，Ｃ児Ｄ児は「いいよ」「じゃあ　ジャンケンしよう」「ジャンケン　ポン」と遊びが繰り返された。

　数日，この遊びが繰り返され「かくれんぼ」や「鬼ごっこ」をしたり，音楽をかけてダンスをしたりする遊びが展開された。「お客さんを呼んで見せたい」という子どもたちからの要求で，巧技台を使って舞台をつくり椅子を並べ，人形劇場が始まった。

　事例4の中で，保育者は遊びの刺激として，紙人形を使ってＡ児とＢ児に働きかけている。絵を描くことが好きなＡ児とＢ児は，興味を示しすぐに絵を描き始め紙人形をつくった。

　保育者は，まず紙人形でのやり取りを楽しむことを重視し，舞台は用意せず紙人形を持ちながら「かくれんぼ」の遊びを始めた。ジャンケンから始まり「1・2・3……10　もういいかい」「まあだだよ」という遊びそのものが台詞になるのである。自分たちが経験した遊びをすることで，そのまま自分の代わりに紙人形が話したり動いたりする自然な姿が見られた。

また，途中で保育者が遊びから抜けても子どもたちの遊びは進められている。これも「かくれんぼ」「鬼ごっこ」という遊びであったことで内容が共有され，動きの見通しがもてたのだと考える。

　人形劇だからといってすぐに台詞をと考えてしまうと形だけになり，なかなか言葉が出てこないこともある。この事例では紙人形を媒介として言葉を交わしている。人形が台詞のように話しているが，紙人形に自分を投影しているので，自分の言葉となり自然に出てきていると考える。

【事例5 「ヒーローショーのはじまり！」 4歳児10月】

　人形劇舞台で動物の指人形を使って遊んでいた子どもたちが，次の遊びへと移っていくと，その場を利用してE児たちがヒーローショーを始める。音楽をかけ，格好よくポーズを決めたり，戦ったりする動きをお客さんに見せている。音楽が終わると，ショーも終わり。お客さんになった子どもと握手をして「また　来てください」「どうも　ありがとうございます」と言って舞台の後ろに戻っていく。

　その近くではF児とG児がヒーローと怪獣を絵に描き，切り取って棒につけている。日頃より描いたりつくったりすることが好きな二人である。

　音楽が再びかかると，E児たちが舞台の裏から前に出てきてヒーローショーを始める。F児とG児は，E児たちがショーをやっている後ろの人形劇舞台を使い，紙人形のヒーローと怪獣を動かしている。自分たちの体は見えないように舞台に隠し，人形だけを出し「エイ！」「ヤー！」「こっちへこい　どうだ」「〜ビーム」と言い合いながら，人形同士を戦わせていた。F児とG児は動いているE児たちと同じように音楽に合わせて人形を動かしたり，ポーズを決めたりしている。

　そして，音楽が終わると「みなさん　また来てください　さようなら」と言って，ヒーローと怪獣の人形を振りながら舞台の裏に戻っていく。E児がカセットの音楽を止めに行くと，F児とG児もその場所に駆け寄りにこにこと顔を見合わせていた。

　事例5では，ヒーローショーをやっている友達の様子を見たり，場所が人形劇舞台のあるところという環境だったりしたこともあり，F児やG児のように，自分が動くのではなく人形を使ってのヒーローショーを楽しむ姿が見られた。

　人形を動かしながら，まるでテレビやスクリーンの中でヒーローや怪獣が戦っているという感覚をもっていたのかもしれない。

人形劇舞台⁽⁵⁾というのは"けこみ"といわれる衝立状の舞台を用いることが多い。演じ手は，衝立の後ろに隠れ，主になって動くのは人形なので，人に見られているという不安感や緊張感が軽減されることになる。F児とG児もこの"けこみ"の中に隠れ，人形だったらできるかもしれないという思いもあったのだろうか，人形があることでイメージを膨らませ，実際にはできない動きも実現させたり，ヒーローになりきって話をしたりすることを楽しんでいた。

E児の側に駆け寄って行ったF児やG児たちの姿からも，互いの遊びを受け入れ遊びが成立していたことがわかる。

4 劇遊び

劇遊びとは，絵本やお話のストーリーを基盤として想像の世界で「ふり」や「つもり」を楽しむ世界である。ごっこ遊びと共通する要素も多いが，劇遊びが成立するためには遊ぶ者同士でストーリーが共有されていることが前提となるため，よく知っている絵本や昔話が題材になることが多い。また，遊びや生活の中で共有した経験が話の内容に入ってくることも多くみられる。そのほかにもオペレッタ⁽⁶⁾やミュージカル⁽⁷⁾などのように，歌や踊りの要素が加わったものも取り上げられることがある。

劇あそびで自由な想像の世界へ入り込み，役になりきって実際に動いたり話したりすることを通して，自分たちのお話の世界を楽しむ。お話の世界を通していろいろな言葉と出会い親しむ中で，自然に言葉を獲得していく。

また，役になることで，自分に気持ちがあるように，自分以外の人にも自分とは違う気持ちがあるということに気づいていくことにもなる。劇遊びに友達と協同して取り組むことで仲間同士の新たな関係性も生まれ，互いに成長すると考える。

【事例 6　「あなたは　だあれ？」　4 歳児 12 月】

　学級で『てぶくろ』の絵本を読む。森の中でおじいさんが落とした片方の手袋を森のネズミが見つけ，その中で暮らすことにする。そこへ次々と動物がやってきてどんどん膨れ上がる手袋。登場人物には「くいしんぼうネズミ」「ぴょんぴょんガエル」「はやあしウサギ」「おしゃれギツネ」「はいいろオオカミ」「きばもちイノシシ」「のっそりグマ」とユニークな名前がついている。

　絵本を読んだ次の日，保育室にビニルテープで手袋の形をつくっておく。登園すると子どもたちは「あっ　てぶくろだ」と言って中に入り始める。出たり入ったりしながら遊んでいるので，保育者は「こんなところに手袋が落ちている。ここで暮らすこ

とにしよう」と言ってネズミ役で遊び始める。
手袋に関わってきた子どもたちと一緒に絵本の
中のやり取りを楽しむ。

　「手袋の中に住んでいるのは　だあれ？」
　「くいしんぼうネズミ　あなたは？」
　「ぴょんぴょんガエル　私も入れて」
　「いいよ」そして，また「手袋の中に住んでいるのは　だあれ？」
　「くいしんぼうネズミとぴょんぴょんガエル　あなたは？」
　「おしゃれギツネよ　私も入れて」と，次々と子どもたちが手袋の中に入って来て
膨れ上がり，お話のようにギューギュー詰めである。子どもたちからも歓声があがる
ほどである。
　最後は保育者が「おじいさんは手袋を探しに犬と一
緒に森に戻って来ました。手袋がムクムクと動いたの
で犬が『ワンワン！』と大きな声で吠えました」と言
うと，手袋の中にいた子どもたちは一斉に逃げ出した。

　子どもたちは戻ってきて「また　やりたい　もう一
回」と言って，何度も繰り返し遊びを続けた。
　　参考：ウクライナ民話，内田莉莎子訳，エウゲーニ・M・ラチョフ絵（1965）『てぶくろ』福音館書
　　店。

　てぶくろの絵本を楽しんだ次の日に，登園すると保育室に手袋が用意されてい
る環境に子どもたちは大喜びであった。そこで保育者が「さあ，劇遊びをしま
しょう」とみんなを集めて始めるのではなく，子どもたちが手袋の中を出たり
入ったり，自由感をもちながら関わっていけるようにすることが大事である。そ
して遊びの流れの中で，自然に「手袋の中に住んでいるのは　だあれ？」と声を
かけながら遊びを一緒に楽しむことが大切である。
　子どもたちは，登場人物の「くいしんぼうネズミ」「おしゃれギツネ」などの
ようなユニークで魅力的な名前を言ってみたり，「あなたは　だあれ？」「私は～
よ」「私も入れて」「いいよ」という繰り返しの言葉のやり取りを楽しんだりして
いた。子どもたちはお話の最後に犬が出てきて「ワンワン！」と吠えると，それ
を合図にみんなが一斉に逃げ出していくところが大好きである。それを楽しみに
待っている子どももいる。「また　やりたい　もう一回」と子どもたちが言うよ
うな取り組みにしていくことが大事である。
　絵本に出てくる言葉とお話の世界や劇遊びを通して出会い親しむ中で，子ども
たちは自然に言葉を獲得していく。とくに語り継がれている作品には，美しい言
葉や韻を踏んだ言い回しなど，子どもたちに出会わせたい言葉が使われているこ

とが多い。言葉を獲得する時期である幼児期こそ，美しい言葉に触れ，豊かな表現や想像する楽しさを味わうようにしたい。

【事例7 「私も　あずき（鬼）がやりたい」 4歳児12月】

　遊びの中で「てぶくろ」ごっこを楽しんでいたので，学級での劇遊びとして取り上げることにした。動物たちの言葉のやり取りをお話の中心とし，最後に犬の鳴き声で逃げて行くということが楽しめるようにする。また，動物たちの登場シーンでは，日頃，遊びの中で楽しんでいることや得意なことを取り入れていくようにした。

　くいしんぼうネズミ役の子どもたちは，遊びの中で楽しんでいる"あぶくたった"の遊びをお話の中に取り入れる。

　　♪あぶくたった　にえたった
　　　にえたか　どうだか　たべてみよう
　　　ムシャ　ムシャ　ムシャ
　　　まだにえない♪
　　　「トントントン」「何の音」「風の音」
　　　「ああ　よかった」
　　　「トントントン」「何の音」
　　　「お化けの音」
　　　キャーと言って，鬼ごっこが始まる

というわらべ歌に合わせて子どもたちは遊んでいる。

　するとH児は「あぶくたったのあずき（鬼）をやりたかった」と言って泣き始める。鬼の役は交代で行い，すでにH児は鬼の役をやり終えていた。保育者は「順番でやっているし，IちゃんもJちゃんも，まだやっていないしね。どうしようか」とつぶやく。「そうだ。くいしんぼうネズミさんの仲間で相談してみたらどうかしら」と子どもたちに投げかけると，H児は「順番こでいいから，Hもまたやりたい」と自分の思いを伝える。その言葉を聞いたI児は「じゃあ，Jちゃんの次ね」と言うと，H児は「うん」と言う。

　次の日，H児はまた「あずき（鬼）をやりたい」と言って泣く。K児は「Hちゃん"親子あずき"っていうのはどう？」とH児に言う（"親子あずき"というのは，以前保育者が鬼の役をやったときにH児もやりたいと言ってきたので二人でやったことを覚えていたようだ）。保育者は「Hちゃんばかりが鬼になってしまうけれど，それでいいのかな？　みんなだってやりたいでしょう」と言うと，L児が「大丈夫だよ。最初にHちゃんが『トントントン　〜の音』って言って，次にKちゃんが言うの。それで最後の『お化けの音』はKちゃんが言えばいいよ」と言う。H児は「うん。それでいい」と言って，"あぶくたった"が始まった。

　劇遊びの中に自分たちがしている遊びの内容を取り入れることで，そのこと自

体が劇遊びの中で台詞になっていく。ここでは "あぶくたった" のわらべ歌があることで，遊びの言葉や動きの流れをつくり出している。改めて台詞を覚えるのではなく，自分としての言葉を発することが，劇遊びの台詞となっている。とくに言葉と動きが結び付いて，そこにメロディやリズムが加わったわらべ歌のような遊び歌等を日常の遊びの中に取り入れておくと，劇遊びに生かすことができる。

　自分たちで劇遊びを進めていこうとしたときには，様々なことが起こると考えられる。保育者がすべてを解決してしまうのではなく，子ども自身が自分たちのこととして考え，対応することができるようにしていくことが必要である。この事例の中でも子どもたちなりに解決方法を考え進めようとしている。

　H児は自分の思いが通らないと泣いてしまうことが多い。H児の思いばかりを通すわけにもいかないので，保育者もこのときはどうしたらよいのかと心が揺れた。それを子どもたちに伝えると，全面的にH児の思いを通すのではなく，折衷案として「Jちゃんの次ね」「"親子あずき" でやるのはどうか」と，解決策を考えている。"親子あずき" というのは，保育者とH児の関わりをよく見ていて提案したものである。子どもたちはそれぞれの気持ちの調整を図りながら，一緒に遊びを進めていく楽しさを味わっている。

　集団の中での人との関わりを通して，子どもたちは自分のしたいこと，相手にしてほしいことの言葉による伝え方や，相手の合意を得ることの必要性を理解していくのである。

> **【事例8 「探検隊 VS 海賊 VS お姫様？」 5歳児12月】**
> 　7月，幼稚園でのお泊り会の際に，学級で『よるくま』の絵本の読み聞かせをした。登場人物の男の子が "よるくま" のお母さん探しを手助けする形で進んでいく物語である。子どもたちは真剣な眼差しになったり，ホッとした表情を見せたりしながらお話の世界を楽しんだ。その後も子どもたちの会話の中に「よるくまくん　元気かな」と "よるくま" の話題が出てくることがあった。
> 　ある日，"よるくま" から「○○ぐみのみなさん　ぼくの国のお姫様が海賊にさらわれてしまいました。助けるのを手伝ってください。　よるくま」という手紙が届いた。
> 　そのことをきっかけに，子どもたちは助けに行くための船や双眼鏡をつくったり，探検隊になって体を鍛えたりするという遊びが始まった。探検隊だけではなく，お姫様や海賊たちも次々と登場し，自分たちで衣装をつくったり，ダンスやなぞなぞ対決の内容を友達と相談したりして準備を進めている。
> 　お姫様が一人ひとり登場するシーンでは「私は　踊るのが大好きなお姫様です」と自己紹介をして，クルリと回って自分の好きなポーズを決める。ほかにも，
> 　「私は　絵を描くのが大好きな姫です」

と言って絵を描くふりをし
たり，

　「私は　ペガサスの好き
　　な姫です」

　「私は　お花が好きなお
　　姫様です」

　「私は　動物が好きな姫
　　です」

と，一人ひとりが好きなものを言って自分をアピールしたりしている。

　その日によって言葉や内容も様々で，自分で考えた言葉を台詞にしている。

　お姫様たちは海賊に捕まるという設定だが，ときには活発に海賊船の操縦をしたり「ハサミが手に入ったわ　ロープを切って逃げましょう」と逃げる相談をしたりしている勇敢な姫たちである。

　海賊の船長役のM児は「帆をあげろ！　用意はいいか！　オー！」と先頭を切って格好よく台詞を言うのだが，ときどき「何だっけ？」と忘れてしまうことがある。すると近くにいる友達が小さな声で「～だよ」と教えながら話が進んでいく。

　探検隊では，なぞなぞ対決の問題づくりをしている。「赤くて　甘い　果物は　なあんだ？」と言うと「イチゴ」「リンゴ」「いいね」「でも　すぐにわかっちゃうよ」「じゃあ　緑色で　細長いです　口が大きいですだったら　どうかな？」「何だろう？」「ワニ？」「当たり！」「いい考えだね」「まだ　あるよ」「パンです　でも食べられません　硬いものです　なあんだ？」「う～ん　硬いパン！」「ブーブー　違います」「答えは　フライパンです！」「ああ　そうか」など，自分たちで問題を出し合いながら遊んでいる。

　参考：酒井駒子作・絵（1999）『よるくま』偕成社。

　劇遊びはストーリーによっては，日常生活から離れたより自由な想像の世界に入り込んでいき，役になりきって実際に動いたりしゃべったりすることを通して自分たちのお話の世界を楽しんでいく。

　事例8でも“よるくま”から手紙が届いたということをきっかけに，探検隊や海賊，お姫様が登場する虚構の世界の中で，子どもたちは自由に楽しんでいる。物語のイメージを膨らませていく楽しさ，考えを出し合い友達と一緒に遊びを進めていく楽しさ，試行錯誤しながら実現していく満足感等，様々な学びがある。

　探検隊・海賊・お姫様としてのかたまりの中だけの遊びではなく，学級の劇遊びとしてつながることで，さらに集団だからこそ味わえる喜びや達成感や満足感をもつことができると考える。劇遊びが成立するためには，遊ぶ者同士でストーリーが共有されていることが前提である。そういった意味からも，自分たちで考

えて遊び込んできたものは，イメージやストーリーを友達と共有しやすくなると考える。

　取り組みの中で，友達に自分の思いや考えを言葉で伝えたり，相手の意見を受け止めたり，台詞を忘れたら，そっと小さな声で教えたりするという友達との関係性も育ってきている。遊びから劇遊びへ，劇遊びから次の遊びへとつながるという循環性が学びの深まりになり，互いの成長を促すことになる。

　劇遊びは行事として取り上げられることが多い。行事の指導に当たっては，幼稚園教育要領解説の中に「幼稚園生活の自然な流れの中で生活に変化や潤いを与え，幼児が主体的に楽しく活動することができるようにすること。なお，それぞれの行事についてはその教育的価値を十分検討し，適切なものを精選し，幼児の負担にならないようにすること」（文部科学省，2018）とある。出来栄えばかりを気にすると，子どもの負担になるばかりでなく，遊びの楽しさも失われてしまうことになる。劇遊びは，大道具・小道具・衣装等の準備も含めての総合的な活動である。子どもたちの主体的な活動としての劇遊びが大事である。

注
(1)　東京女子高等師範学校附属幼稚園とは，1876（明治9）年11月，東京女子師範学校内（現・お茶の水女子大学）に設置されたわが国最初の官立幼稚園である。
(2)　倉橋惣三（1882-1955）は，大正から昭和にかけての日本の幼児教育の理論的な指導者で，児童中心の進歩的な保育を提唱した。幼児の自発生活を尊重して「生活を　生活で　生活へ」と導いていくことが大切だとした。
(3)　お茶の水人形座とは，1923（大正12）年，倉橋惣三が東京女子師範学校の保母たちとともに立ち上げた劇団。幼稚園教育に人形劇を導入する試みを行った。
(4)　ピアジェ（Jean, Piaget：1896-1980）は，スイスの心理学者。子どもと大人の思考構造の違いを研究した。ピアジェは心理学を意識の科学ではなく行動の科学と捉え，発生的認識論を発展させ，幼児教育にも大きな影響を与えている。
(5)　人形劇舞台で一般的に多いのが蹴込（けこみ幕）の内側に演じる人が隠れて，幕の上部に人形を登場させて人形劇をするための舞台である。
(6)　オペレッタとは，オペラから派生したもので「小さなオペラ」「軽歌劇」などと訳す。歌と台詞からなる音楽劇。
(7)　ミュージカルとは，台詞，歌，踊りを有機的に融合させたもの。19世紀にアメリカで生まれ発展した総合舞台芸術の一形式。

引用・参考文献
第1・2節
秋田喜代美・野口隆子（2018）『保育内容　言葉』光生館。
柴崎正行・戸田雅美・秋田喜代美編（2010）『保育内容「言葉」』ミネルヴァ書房。
宮里暁美ほか（2018）『領域　言葉』萌文書林。
文部科学省（2018）「幼稚園教育要領解説」。
谷田貝公昭監修／大沢裕編（2018）『言葉』一藝社。
第3節
小田豊・芦田宏編著（2013）『保育内容　言葉』北大路書房。
松崎行代（2008）「学校教育における人形劇の教育的意義と課題」『飯田女子短期大学紀要』第25集，61～75頁（https://iidawjc.repo.nii.ac.jp/?action=pages_view_main&active_action=repository_view_main_item_detail&item_id=39&item_no=1&page_id=13&block_id=17 2019年8月21日ア

　　クセス）。

森上史朗・柏女霊峰編（2015）『保育用語辞典（第 8 版）』ミネルヴァ書房。

文部科学省（2018）「幼稚園教育要領解説」。

第 4 節

小田豊・芦田宏編著（2013）『保育内容　言葉』北大路書房。

塩美佐枝・藪中征代・古川寿子・古川由紀子・川並珠緒・東川則子（2018）『言葉の発達を支える保
　　育』聖徳大学出版会。

森上史朗・柏女霊峰編（2015）『保育用語辞典（第 8 版）』ミネルヴァ書房。

文部科学省（2018）「幼稚園教育要領解説」。

　　保育の現場において，子どもたちは日常の遊びを通して主体的で対話的な深い学びを体験している。子ども同士の会話や保育者が発する言葉を通して語彙力を増やしていく。保育者の発する言葉が子どもたちの成長に多様な影響力をもたらすとなれば，一言一句に配慮し，時と場合に沿う正しい言葉の指導を心がけることも求められると考える。言葉は，一人ひとりの子どもたちが発する表現方法の一つであり，保育者が，子どもたちの心の中にある思いに寄り添い，何について興味や関心を抱き，考えているのかといった内面を知る手がかりである。

　　そこで，言葉遊びを使った指導として「わらべ歌」「かるた遊び」「しりとり遊び」を取り上げる。

1 ｜ わらべ歌

　　母親が子どもをあやしながら歌い，子ども同士で歌い継がれてきたわらべ歌の歌詞には，地方ごとの表現があるが，子育てや生き方の知恵が込められている。わらべ歌を歌うと泣いている子どもが泣き止んだり，保育室の中が落ち着いてきたりする場面に何度も遭遇する。児童文化財であるわらべ歌に込められた不思議な力で，私たち保育者は幾度となく助けられている。保護者や保育者の声を快いと感じ，気持ちが安定する乳児期に，乳児の体に触れながらわらべ歌を歌うことで，ゆったりとした日本語のリズムと独特な旋律が子どもと大人に安心感を与えている。また，わらべ歌はピアノ伴奏や楽器を必要としないので，屋内外でいつでも歌うことができる。保育者は様々なわらべ歌を習得し，温かな心をもって子どもを見守り，包み込み，受けとめ，とくに乳児には自由に伸び伸びと遊ばせながらわらべ歌を歌ってあげてほしい。

　　また，幼児には，一緒に遊びながらわらべ歌を歌ってあげてほしい。なぜならば，筆者には幼少期に「かごめかごめ」や「はないちもんめ」で夕方になるまで楽しんだ思い出がある。自然と手と手が触れ合い，一緒に遊びながら思いやる気持ち，○○したいという気持ちが芽生えるとともに，泣いたり笑ったりしながらお互いの気持ちを受け入れることを学んでいた。そしてとても楽しかった。しか

し，現代では子どもたちが近隣の公園等で遊ぶ姿が見られなくなったため，幼稚園・保育所・こども園でぜひとも子どもたちと体験し，その子どもたちから保護者へ，また，子どもたちから未来の子どもたちへと伝承していってほしいものである。

【事例1　わらべ歌との出会い　0歳児】

　高月齢児ともなると保護者がいないことに気付き，一人が泣きだすと二人，三人と，入園直後の保育室は乳児の泣き声が響きわたる。乳児を抱き，言葉をかけたりあやしたりするものの泣き止まない状況が続く。新任保育士は頭の中が真っ白になり，必死に乳児をあやすうちに声のトーンも上がり，泣き止むどころか余計に泣き声も大きくなっていく。すると，先輩保育士が，わらべ歌「おちょず」を歌い始めた。穏やかな声と柔らかな表情，ゆっくりとしたテンポで繰り返し歌い続けた。すると，新任保育士は，肩の力が抜けたようで，乳児を抱く腕にも柔らかさがうかがえ，先輩保育士のまねをして歌い始めた。

　「おちょず　おちょず　ねんねつぼ　ねんねつぼ　かいぐり　かいぐり　かいぐりこ　おつむてんてん　あわわわわ」。乳児には言葉の意味や言葉そのものもわからないが，リズミカルな言葉を聞いている。いつの間にかこのわらべ歌は，先輩保育士から新任保育士へと受け継がれ，新任保育士がわらべ歌を保育に取り入れたことによる成功体験から，ほかの保育士へと伝え，保育室がざわつくと，誰かが必ず「おちょず」を歌いだす。協働性を育んだ保育室内は，保育者同士が認め合い，より一層家庭にいるような温かな雰囲気を築く。保育者が振り付けをしながら歌うと，10か月頃には，「あわわわわ」のところで満面の笑みを浮かべ，まねをする姿が見られた。

【事例2　言葉と動作　1歳児】

　歩行が完成して行動が広がり，少しずつではあるが，物のイメージができ，口真似をしたりするようになる。0歳児の事例にあげた「おちょず」のわらべ歌も，「ねんねつぼ　ねんねつぼ」とてのひらの上を指でなぞるしぐさを見せたり，「おつむてんてん」では，保育者のまねをし，両腕をあげて頭の上をトントンしながら「おちゅーむてんてんてん」と口ずさんでいる。

【事例3　リズムを楽しむ　2歳児】

　イメージが少し多様になる頃で，言いやすい言葉をまねて発したり，遊びながらひとり言を繰り返して言う姿が見られる。「だるまさん」のわらべ歌を歌いながら他児と向かい合って，自分の顔をくしゃくしゃにして楽しんでいる。「だーるまさん　だーるまさん」のところは，両手で自分のもものあたりをポンポンとたたいてリズム

を取ったり，両腕を体の真横で振り，リズムをとっている。

【事例4　わらべ歌を通した異年齢児の関わり　幼児（3～5歳児）】

　3歳児は基本的生活習慣を体得していき，集中して遊びを楽しむようになる。端午の節句に合わせて園庭にはこいのぼりが気持ちよさそうに泳いでいる。風がピタッと止んだときに，「うえから　したから　おおかぜ　こい　こい　こいこ」と子どもたちが歌いだす。保育者や保護者から歌ってもらっていたわらべ歌が，子どもから子どもへと伝承されていた。「こい　こい　こい」は2歳児も大きな声で一緒に口ずさんでいた。

　4歳児，5歳児は友達と一緒に様々な工夫をこらして遊び，想像力も豊かにイメージを膨らませている。園庭になった夏野菜（きゅうり）を収穫し，誰に渡そうか考えていると，「えんやらもものき　ももがなったら　だれにやろう　おかあさんに　あげようか　きよこちゃんに　あげようか　だれにあげようか」を作詞し，「えんやら　きゅうり　きゅうりがなったら　だれにやろう　おかあさんに　あげようか　〇〇ちゃんに　あげようか　だれにあげようか」と歌い，午睡の時間には，5歳児が異年齢児を寝かせにいき，横にピタッと寄り添って，「せんせい，この子〇〇ちゃんだよね」と，名前の確認をすると，歌の中にその子の名前を入れてわらべ歌を歌いだす。「ねんねこせ　おんぼこせ　おれえの〇〇ちゃんは　よい〇〇ちゃん　だんまて　だんまて　ねんねしろ」。

　ほかにも「とおりゃんせ」では，異年齢児同士で遊んでいる姿が見られる。5歳児が向かい合って手を組んで，その下を3歳児や4歳児が通る。ときには5歳児も通る。子どもの身長に合わせて通る側がしゃがんだり，手を組む側が背伸びをしたり，様々な様子がうかがえる。

　「はないちもんめ」では，勢い余って前進する側と，後退する側の駆け引きが非常に面白く，相手を決める相談から決定へ，また，じゃんけんをする二人を見守る子どもたちのドキドキ感が言葉や身振り手振りからうかがえる。

　○指導上の留意点

- 子どもの遊びに合わせてどこでも歌うことができるので，子どもと向き合ってお互いの声をよく聞きながら穏やかな表情で歌うと心が伝わる。
- 子どもが自然な声の高さで歌えるように無伴奏で歌う。
- 子どもは新しい遊びをつくり出す名人なので，従来のわらべ歌に新しい歌をうまく結び付けて遊んだ場面に遭遇したら，子どもの表現力を自由な形で育てる場の一つの遊びとして捉える。自身でつくり出した歌や遊びを仲間と一緒に繰り返し遊べることから，子どもが成功体験の喜びを感じる体験になる。

- 乳児にはお話をするように語りかけ，ブランコの揺れをイメージするように歌う。
- 「さあ！　あそぼう！」といった一斉・画一的な導入よりも，自然と自由に寄り添ってきた子ども以外は無理に誘おうとせず，自分の遊びを継続しながらも歌声に注意を向けて意識の中で参加する姿を受容する。

2 ｜ かるた遊び

　日本の伝承的なかるた遊びは，正月に家族と一緒に楽しんだ遊びとして幼少期の記憶に残っている。一文字ごとに描かれた絵を見ては，幼いながらに想像力を膨らませ，何度も遊びながら知らず知らずのうちに文字や言葉を覚え，知らない言葉に出会ったときは，傍にいる親，親戚，兄弟，または保育者に聞いていたものだ。もちろん「文字を覚えたい」という欲もなく，枚数を多く取りたかったり，勝つことがうれしかったり，負けて悔しかったりもした。また，読み手への憧れも抱いたものだ。

　このように，「かるた遊び」は，楽しみながら繰り返して遊んでいくうちに，早くたくさん取れた人が勝つルール性のある遊びを通して規範意識が身に付き，集中力がつき，書かれている文字と絵を合わせて記憶し，おのずと字に興味をもつ遊びである。

　クリスマス発表会にサンタクロースがやってきて，園に「かるた」をプレゼントしてくれたり，保育者が，季節の遊びとして「かるた」を導入したり，通年で取り入れていたりと，園によって様々ではあるが「かるた遊び」の事例をいくつか紹介したい。

【事例5　オリジナルかるた　3歳児1月頃】

　「くまはつよいよ」「はい」。「おに」「はい」。「すいか」「はい」。

　机上に3枚の絵カードを並べ，一人で「かるた遊び」をしている。読み手，取り手が二人以上のルールなど存在しないが，楽しそうだ。読み札は，3枚もっているが，どれも絵カードとは異なるものである。A児のオリジナル読み札が即興でつくられていたのだ。同じテーブルで塗り絵をしていた他児は，「それちがうよ，さがすよ」と，声をかけた。絵カードに書かれた文字と同じ文字が書かれている読み札を探し始める。「くくく…」「あ！　あった！」「ね，おんなじでしょ」。机上は，読み手カードで一杯になり，宝物探しのようであった。一人遊びが二人へ，そして同じ文字探しゲームへと発展した。「く」「お」「す」のカードをすべて見つけることができた二人は，達成感で一杯の様子。「楽しかったね」と言いながら机上に散らばった「かるた」を小さ

な手で一生懸命に集め，片づけながら，「くまはつよいよ」「く」とオリジナル読み札を繰り返していた。片づけ終わる頃，「くつ」「く」「くつ」「くつもくだ」と，ジャンプをしながら新たな発見を喜ぶ姿が見られた。すると，「ねー，せんせいは，おくつっていうからおかな」「えー，ちがうよくつだよ」「せんせいにきいてみよう」。

　保育者の言動が与える影響の大きさに気づかされる瞬間でもあった。

【事例6　「早く読んでよ」　4歳児1月頃】

　「かるたやるひと」と，手に取ったかるたを運びながら声をかける。机上に絵カードを並べながら「かるたやるひと」と再び声をかける。二人，三人と集まってくる。すべての絵カードを並べ終わると，じゃんけんで読み手を決める。読み手が決まるまでには数分かかるものの，かるた遊びが始まる。「く　る　ま　が　　と　お　る　よ　み　ぎ　ひ　だ　り」と読んでいる途中で，「おそいよ」「わからないよ」「もっとはやくよんでくれないとわからないよ」という意見が飛び交う。読んでいる子どもはもじもじしながら「だって，よみたいんだもん」「でも，じゃあ，いいよ，よんで」と，他児に読み札を手渡した。読み手が代わると，「く」「く」「く」「くさがして！」と，冒頭の文字のみを読みだした。「いちばんうえのをよめばわかるでしょ」「それをさがして！」「ぜんぶよむのめんどうだから」。すると，耳で聞いた文字が書かれた絵カードを探し出す。1年前は種類が異なるかるただが，同じ「く」でも違う遊び方をしていた姿を思い出す。同じ文字の形を探す「かるた遊び」から，耳で聞いた文字を探すことができるようになっている。また，読み手が，順番に代わっていったり，自分なりの遊び方のコツを発見している。「車が通るよ右左右」と，はっきりと音読する声も聞こえる。何度か繰り返して遊んでいくうちに，絵カードを探すスピードも速くなってきて，姿勢も前のめりだ。読み手の札を横から覗き込んで，読む前に探し始めるという知恵もついてきた。

　ひらがなの読みの世界に引き入れることができれば，幼児を対象とした文字の指導の第一段階としては望ましい状況で，こうした望ましい状況をつくり出す働きかけが，かるたによりできると考えられている（福沢，1996，87頁）。まずは，かるたに親しむことから興味・関心をもって自らやってみたいと思い，いろいろと工夫をしながら遊んでいる。

【事例7　かるたをつくって遊ぼうプロジェクト　5歳児12〜1月頃】

　事例5，6にもあげたように，3歳児・4歳児と「かるた遊び」に興味をもち，工夫をこらして遊んできた子どもたちと，かるたをつくって遊ぶことを試みた。

　かるたづくりを通して文字への興味・関心・認識を深め，グループで協力しながら楽しんでつくり，みんなで楽しんで遊び，人の話に友達とともに耳を傾け，自らの思

いを言葉で表現することをねらいとし，1グループの人数は4～5名とした。4月からの園生活を振り返りながら，グループで語り合う場を設け，文字にして書けるように紙と鉛筆を用意した。絵カードを作成するに当たり，Aグループは「あ行」，Bグループは「か行」とし，文字から連想する言葉や名詞をあげていく方法もあるが，一人ひとりの思いが言葉となって表現されることに重点を置き，同じ文字が数枚できたり，足りない文字があることを保育者は心づもりして取り組んだ。

　動物園に行ったとき，テナガザルが大きな声で鳴いていたことから，「テナガザルおおきなこえであそんでた」や，ライオンが動かずにじっとしていたことから，「ライオンはこわいけれどうごかない」。また，「てはきれいにあらいましょう」や，「ろうかははしりません」や，「はをみがきましょう」等，日常の園生活から体得したこともあがった。語り合いのきっかけがつかめずにいたグループは，ほかのグループの話を聞いて「あ！　そっか」「せんせいは，おこるとこわいです」や，「せんせいはやさしいです」という声が聞こえてきた。すると，「おなじ『せ』だね。どうする？」「おこるとこわいですにしよう」，この間，保育者はそっと見守っていた。

　読み手カードの文章の下書きをする際は，鏡文字や点が抜けていることにも気づけるように伝えた。人数分の文章が完成すると，それぞれに，描く絵カードを決めていった。一回り小さくした画用紙を用意し，クレヨンやサインペンで絵を描いた。思うように描けず，描き直したいときに柔軟に対応できるよう，描き終わってから厚紙に貼るよう配慮した。

　世界に一つのオリジナルのかるたをつくった子どもたちは，みんなでかるた遊びを楽しんだ。「自分でつくったかるたを取りたい」と思う子もいれば，「わたしのかるたは〇〇ちゃんにとってほしい」という子もいた。したがって，読み手は担任に託される。ゆっくりと読み始めると，「あ！　それ〇〇くんがかいてた」「それはわたしの」とうれしそうに語る姿が見られた。一番に絵カードを見つけると自分の場所に置くことができるのだが，通常のかるたとは異なり大きさが画用紙サイズであるので，置き場所に困ると「せんせいもってて！」と言いながらも，上半身を前に出し，真剣な表情で「せんせい！　早く読んで！」という声も聞こえる。子どもたちが真剣になればなるほど円陣が小さくなっていく。すると，「ちょっと。せまいからどいて」とあちらこちらで聞こえてくる。「ひろがろうよ」と子どもからあがったささやきの声にみんなが輪を広げる。同じ文字で始まる絵カードが読まれると，「あ！　さっきもあっ

た」「おなじのがふたつだ」「大丈夫だよ，えがちがうから」と保育者が心づもりして
いたことが，何事もなく子どもたち同士で回避された。

○ 指導上の留意点

　一通りすべての絵カードを取り終わると，1枚も取れなかった子もいれば，1
枚，2枚と大きな絵カードを数える子もいた。「あー，おもしろい」「とれなくて
もいいや。もういっかいやろうよ」「おくところがあればもっととれたのに」と
次から次へと語り出す子どもたち。一人の子が立ち上がると，「せんせい，『り』
がなかった」と足りないひらがなに気づく。「えー，『り』がないの！　つくろう
よ」と，翌日「り」をつくっていた。もう一人の子が，ひらがな表を見て一言，
「これぜんぶあるの？」と言うと，「あるにきまってるでしょ。かるただもん」と
答える子。「でも，『り』がないんだよね」。ひらがな表を一文字ずつ指さしなが
ら，「あった」「ない」を始める。同じ文字を何度も確認したりしてなかなか進ま
ないが，何度か繰り返すうちに，紙と鉛筆を持ってきて書いてみたり，担任に覚
えておくように頼んだりと様々な案を提案しながら楽しそうに取り組んでいた。
かるた遊び中に自分で取った大きな絵カードをどこに置いておくか等，子どもた
ちと取り組みたい課題はたくさんあるが，子どもは，具体的な事象を生活の中で
見たり聞いたりしながら学んでいく。子どもが生活の中で興味・関心をもった事
柄について，言葉を用いたやり取りを十分に行うことが大切である。言葉には，
情報を伝達するコミュニケーションの道具としての側面，事象を認識し，思考を
深めるという思考の道具としての側面，さらには行動を制御するという側面など
の機能があると指摘されるように（杉田，2013，28〜29頁），まずは保育者が子ど
もたちのスピードに合わせ，寄り添い見守りながら，子どもたちの気づきから芽
生えたやってみたいを大切にしたいものである。

3 ┃ しりとり遊び

　しりとり遊びはいつでもどこでも気軽に遊べる言葉遊びとして，老若男女を問
わずに親しまれている。「しりとり」から始まり，次の人が前の人の最後の音か
ら始まる言葉を考えて伝えていくという遊びである。個々の語彙が特定の複数の
音から構成されているという日本語の特徴を理解するのに大変役立ち，いろいろ
な言葉を思い出すことや発音することによって語彙を豊かにすることにも有効だ
とされている（池田，1996，46〜47頁）。忙しさのあまり，保育者が子どもの話し
かけにしっかり耳を傾けることをせず，機械的でおざなりの返事しかしなかった
ならば，子どもは保育者の対応に熱意のなさを感じ，それ以上は話しかけたくな

くなるだろうといわれるように（榎沢，2005，26～27頁），子どもにとって保育者は，うれしいことや，悲しいこと，困ったことなどを誰よりも一番に伝えたい存在である。忙しい保育者に向かって唐突に「しりとり」と言葉をかけた4歳児は，まさに保育者の気を引きたかったのであろう。保育者は，玩具を抱えて運びながら，「りす」と答えた。続いて4歳児は「すいか」と答え，保育者は「からす」と答える。すると4歳児は「えー，また，すー！」と満面の笑みを浮かべていた。

発信したシグナルを受け止めてもらった4歳児は，「すばっかり」と言いながら，スキップをして他児の積み木遊びに加わった。このように，コミュニケーションを図るきっかけの一つとしてしりとり遊びは有効であると考えるが，言葉遊びの一環として，遊びの一例を紹介したい。

○ しりとり遊びの一例

①「しりとり」から始まり，次の人は，前の人が言った最後の文字で始まる言葉を使う。「ん」で終わる言葉を使ったら，言った者が負ける。

②①のルールのように「ん」で終わったら負けにするのではなく，「やかん」の場合，「ん」の一つ前の言葉を用いて「か」から始まる言葉で始める。

③果物の種類，乗り物の種類だけのしりとりといったように何らかの制限を設ける。

④円形や四角等の画用紙を準備し，初めに「しりとり」と明記し，「り」から始まる言葉，たとえば「りんご」を子どもたちが絵で表記する。次は「ゴリラ」「ラクダ」と，「絵しりとりカード」をつくり，床に並べて遊ぶ。

⑤上記の「絵しりとりカード」を模造紙を貼り合わせた土台に貼り付けて，「絵しりとりすごろく」を作成する。

⑥一度使った言葉は使わないルールを加える。

⑦保育者対子どもたちの形式から始めていき，グループ内で行ったり，グループ対抗戦へ発展させる。

⑧慣れてきた頃，言葉を考える時間にも差が出てくるので，10秒ルールを加えたり，泣き声やジェスチャーでヒントをだす。

○ しりとり遊び応用編

① 歌に合わせてしりとり遊び

手遊びで「ひげじいさん」等の馴染みのある4拍子の曲に合わせて，まずはみんなで「ひげじいさん」の歌を歌う。最後の「キラキラキラキラ手はお膝」のところで，保育者は，「キラキラキラキラ〇〇〇」の〇の部分に言葉を入れる「トントントントン」の小節（4拍子）で言葉を考える。次の「ひげじいさん」の小節（4拍子）で一つの言葉を入れる。これを繰り返すと，一回の歌で，6人の子どもが一つずつ言葉を考えることができるので，グループごとに行っても楽しめ

る。工夫次第で，どんな曲でもできると思うが，3拍子よりは4拍子の方が，言葉のリズムが取りやすいので，テンポを変えて行った方が楽しめるのではないだろうか。

②　お話しりとり遊び

　文章のしりとりに挑戦してみよう。文章の終わりの文字で始まる文章を考える。文章が「○○です」で終わると，すべての文頭が「す」で始まるお話になるので，保育者の調整が必要である。保育者が何らかの例題を出して始める。

　たとえば，「今日はプールだね」→「ねこがいるよ」→「よるはくらいね」→「ねこはかわいいね」と，文末に「ね」が多くなることに気づく。「ねこはかわいいよ」と言い換える。「ようかいウォッチだいすき」→「きのこだいすき」→「きつねだいすき」→「きいろだいすき」と，文末に「だいすき」とつけることを楽しんでいる。すると，文末の文字に「き」が続くことにも気づく。大好きはやめようと意見を発するすがたも見られる。子どもたちはしりとりを超えた言葉遊びを楽しみ，発展させていく。「○○せんせいはおもしろい」と例題をだした子どもがいた。その文章に子どもたちはどんどん文章を考え，「○○せんせいわすれんぼう」「○○せんせいはすぐになく」「○○せんせいははしるのがおそい」「○○せんせいはやっぱりおもしろい」。一通り○○先生のあれこれを楽しんだ頃，しりとりではないことに気づいた子どもから，先生の名前はつけないほうがいいという新たな提案があった。「おもしろい」→「すぐになく」→「わすれんぼう」。やっぱりしりとりではないことに気づく。「せんせい，しりとりってなんだっけ？」。お話しりとりは名詞のしりとりとは異なり，文章が長くなり，また，遊んでいくうちに，本来のしりとり遊びとは異なる遊びを発見し，一通り遊んで本来のしりとり遊びに戻ってくる過程は，担任の想像を超えていた。

　「お話しりとり遊び」では，子どもたちが想像したことや，普段感じている思いを言葉で表現できるうれしさを知り，友達同士で共感して喜び合える楽しさを感じている。言葉に対する興味・関心を大切に，日々の保育においての子ども対保育者間においての言葉による関わり，また，家庭での子ども対保護者間においての言葉による関わりを大切にし，忙しい中でも「しりとり遊び」を楽しみ，子

どもの語彙力を広げたいものである。

○ **指導上の留意点**

- 前の人が言った最後の文字で始まる言葉を使う際に，音の続き方をわかりやすく説明するために，絵と文字を使うなどして十分に理解させる。
- 一つの文字から考えられる言葉を考えて楽しむ。
- 「とまと」のような最初と最後の文字が同じ言葉があることや，「もも」のように二つの同じ文字からできる言葉への気づきを受け止める。
- 語彙力に個人差があるので，子どもの理解度により，自分の知っている言葉から始めて，言葉を探すことに興味・関心をもたせる。
- 遊びのルールや方法がわかってきたら，絵を外して「言葉」でのしりとりを経験させていく。
- メロン・だいこん・みかんのような「ん」で終わる言葉を考えてみる。
- でんしゃ・パンダのような濁音・半濁音，チューリップ・ちゅうしゃのような拗音から始まる言葉を考えてみる。
- 続けていくうちに同じ言葉が出てきて興味がなくなり飽きてくるので，楽しく遊べるよう子どもたちの様子を見ながら，遊びの時間を調整する。
- 子どもによって，すぐに思い付く言葉と，なかなか思い付かない言葉がある。遊びの進行上，ある程度のリズムは必要で，リズミカルなテンポを味わいながらゲームを楽しむ経験をさせたい思いもあるが，あまり急がせたりせずに，他児からの応援を仰ぐなどし，楽しさが軽減しないようにする。

引用・参考文献
第2節
杉田律子（2013）「自分の考えや思いを伝えるための言葉」石上浩美・矢野正編著『保育と言葉』嵯峨野書院。
福沢周亮（1996）「指導の実際」福沢周亮・池田進一『幼児のことばの指導』教育出版。
第3節
池田進一（1996）「指導の実際」福沢周亮・池田進一『幼児のことばの指導』教育出版。
榎沢良彦（2005）「言葉にかかわる現代社会の課題」榎沢良彦・入江礼子編著『保育内容 言葉』建帛社。

索　引

（＊は人名）

《執筆者紹介》（執筆順，執筆分担，＊は編者）

＊塩　美佐枝（しお みさえ）はじめに，第2章第3節
　　編著者紹介参照。

　小田桐　忍（おだぎり しのぶ）第1章第1節
　　現　在　聖徳大学教育学部教授。

　河合　優子（かわい ゆうこ）第1章第2節，第2章第2節，第5章第2節第1項
　　現　在　聖徳大学大学院教職研究科・教育学部教授。

＊古川　寿子（ふるかわ としこ）第1章第3節，第5章第2節第2項1・2，第6章第1節
　　編著者紹介参照。

　桐原美恵子（きりはら みえこ）第2章第1節
　　現　在　神戸女子短期大学幼児教育学科教授。

　川並　珠緒（かわなみ たまお）第2章第3節，第5章第2節第2項10
　　現　在　聖徳大学教育学部教授，聖徳大学附属幼稚園・聖徳大学附属第二幼稚園・聖徳大学附属成田幼稚園・
　　　　　　聖徳大学附属浦安幼稚園園長。
　　主　著　『幼児の遊びと学び——実践から読み取る知的発達の道筋』（共著）チャイルド本社，2010年。
　　　　　　『言葉の発達を支える保育』（共著）聖徳大学出版会，2018年。

　林　友子（はやし ともこ）第3章
　　現　在　元帝京科学大学教育人間科学部教授。
　　主　著　『特別支援教育』（共著）ミネルヴァ書房，2019年。
　　　　　　『保育内容総論（第4版）』（共著）同文書院，2019年。

　鈴木　貴史（すずき たかし）第3章
　　現　在　帝京科学大学教育人間科学部／教職センター准教授。
　　主　著　『初等国語科教育』（共著）ミネルヴァ書房，2018年。

　古川由紀子（ふるかわ ゆきこ）第4章第1，2節
　　現　在　聖徳大学短期大学部保育科教授。
　　主　著　『言葉の発達を支える保育』（共著）聖徳大学出版会，2018年。
　　　　　　『対話的・深い学びの保育内容　人間関係』（共著）萌文書林，2018年。

　中村香津美（なかむら かつみ）第4章第3節，第5章第2節第2項3・4，第7章第1，2節
　　現　在　竹早教員保育士養成所専任教員。
　　主　著　『幼児の遊びと学び——実践から読み取る知的発達の道筋』（共著）チャイルド本社，2010年。
　　　　　　『言葉の発達を支える保育』（共著）聖徳大学出版会，2018年。

　山梨　有子（やまなし ゆうこ）第4章第4節，第5章第1節，第6章第2節
　　現　在　彰栄保育福祉専門学校専任講師。
　　主　著　『言葉の発達を支える保育』（共著）聖徳大学出版会，2018年。

山本　秀子（やまもと　ひでこ）第5章第2節第2項5・6・9
　　現　　在　東京家政大学短期大学部保育科准教授。

羽路　久子（はねじ　ひさこ）第5章第2節第2項7・8
　　現　　在　日本女子大学附属豊明幼稚園園長。
　　主　　著　「子どものもつ力を信じて――3歳児の自己表現から」『子どもの文化』第34巻，2002年。
　　　　　　　『言葉の発達を支える保育』（共著）聖徳大学出版会，2018年。

井口　厚子（いぐち　あつこ）第7章第3，4節
　　現　　在　聖徳大学教育学部教授。
　　主　　著　『心をつなぎ時をつむぐ――地域に開かれた幼稚園の実践』（共著）ミネルヴァ書房，2003年。
　　　　　　　『言葉の発達を支える保育』（共著）聖徳大学出版会，2018年。

原　麻美子（はら　まみこ）第8章
　　現　　在　社会福祉法人東京児童協会本部事務局研究員。千葉経済大学短期大学部非常勤講師。聖徳大学大学院
　　　　　　　教職研究科兼任講師。
　　主　　著　『子どもの力が伸びる　0歳児の保育12か月』（共著）ナツメ社，2020年。
　　　　　　　『場面別でよくわかる！　ユーキャンの保育　連絡帳の書き方＆文例』（共著）ユーキャン学び出版，
　　　　　　　2023年。

《編著者紹介》

塩　美佐枝（しお・みさえ）
　　現　在　聖徳大学大学院教職研究科教授。聖徳大学三田幼稚園学事顧問・園長。
　　主　著　『幼児の遊びと学び——実践から読み取る知的発達の道筋』（編著）チャイルド本社，2010年。
　　　　　　『幼児理解と一人ひとりに応じた指導（第2版）』（共著）聖徳大学出版会，2018年。

古川　寿子（ふるかわ・としこ）
　　現　在　聖徳大学幼児教育専門学校教授。
　　主　著　『幼児理解と一人ひとりに応じた指導（第2版）』（共著）聖徳大学出版会，2018年。
　　　　　　『言葉の発達を支える保育』（共著）聖徳大学出版会，2018年。

保育内容「言葉」
——乳幼児期の言葉の発達と援助——

2020年3月30日　初版第1刷発行　　　　　　　　　　〈検印省略〉
2023年11月30日　初版第4刷発行

定価はカバーに
表示しています

編著者　　塩　　美佐枝
　　　　　古　川　寿　子
発行者　　杉　田　啓　三
印刷者　　坂　本　喜　杏

発行所　株式会社　ミネルヴァ書房
607-8494　京都市山科区日ノ岡堤谷町1
電話代表　（075）581-5191
振替口座　01020-0-8076

ISBN 978-4-623-08812-6
Printed in Japan

よくわかる！保育士エクササイズ

B5判/美装カバー

ミネルヴァ書房
https://www.minervashobo.co.jp/